湛江市科技局 2013 年立项课题"东海岛、硇洲岛历史研究（2013 A303）"研究成果
岭南师范学院粤西濒危文化研究协同创新中心系列成果

湛江海洋文化丛书
丛书主编：王钦峰　余伟民

东海岛、硇洲岛历史研究

何增光　洪小瑛◎编著

中国海洋大学出版社
CHINA OCEAN UNIVERSITY PRESS
·青岛·

图书在版编目（ＣＩＰ）数据

东海岛、硇洲岛历史研究 / 何增光，洪小瑛编著
. — 青岛：中国海洋大学出版社，2019.2
（湛江海洋文化丛书）
ISBN 978-7-5670-2395-6

Ⅰ. ①东… Ⅱ. ①何… ②洪… Ⅲ. ①岛—历史—研
究—湛江 Ⅳ. ①K928.44

中国版本图书馆 CIP 数据核字（2019）第 208136 号

出版发行	中国海洋大学出版社	
社　　址	青岛市香港东路 23 号	
邮政编码	266071	
出 版 人	杨立敏	
网　　址	http://pub.ouc.edu.cn	
电子信箱	1922305382@qq.com	
订购电话	0532-82032573（传真）	
责任编辑	曾科文　周佳蕊	**电　话** 0898-31563611
印　　制	海口景达鑫彩色印刷有限公司	
版　　次	2019 年 2 月第 1 版	
印　　次	2019 年 2 月第 1 次印刷	
成品尺寸	170 mm × 240 mm	
印　　张	12.75	
字　　数	197 千	
印　　数	1—2000	
定　　价	50.00 元	

发现印装质量问题，请致电 0898-66518560 调换。

序　言

2013 年 9 月 7 日，习近平主席在哈萨克斯坦发表演讲，提出欧亚各国可以用创新的合作模式，共同建设"丝绸之路经济带"，并通过以点带面，从线到片，逐步形成区域大合作。同年 10 月 3 日，习近平主席在印尼国会发表演讲时表示，愿与世界各国"发展好海洋合作伙伴关系，共同建设 21 世纪海上丝绸之路"，"一带一路"的倡议由此拉开了序幕。

"一带一路"构想，体现了和平、交流、理解、包容与合作共赢的精神，它不仅得到了党、国家和人民的普遍认可，也得到了世界许多国家的认同。2014 年 4 月 10 日，李克强总理在博鳌亚洲论坛上强调，愿与相关国家一道，规划建设孟中印缅经济走廊、中巴经济走廊，打造中国—东盟自贸区升级版，推动"丝绸之路经济带"和"21 世纪海上丝绸之路"重要项目的建设。2015 年 3 月 28 日，我国《推动共建丝绸之路经济带和 21 世纪海上丝绸之路的愿景与行动》正式发布，共建"一带一路"的蓝图和指南由此绘就。作为一个沿海城市，一个具有丰富海洋历史和文化底蕴的区域大市，湛江也被国家列为"一带一路"倡议的重要支点城市，成了"一带一路"特别是"21 世纪海上丝绸之路"建设的排头兵和主力军。

历史上的湛江，以雷州半岛为主体。作为一块充满了神奇色彩的土地，雷州半岛早就与海洋有着不解之缘。东汉史学家班固在《汉书·地理志》中对此已有明确的记载：我们的商船从徐闻出发，可相继到达"都元国""邑卢没国""谌离国""夫甘都卢国""黄支国"等。这篇文献后来被誉为我国海上丝绸之路最早的历史文献，同时也是我国最早有正史记录的关于海上丝绸之路的文字。雷州半岛的徐闻港，是中国海上丝绸之路的始发港之一，这是无法回避的史实。汉代海上丝绸之路所带来的影响似乎在唐代还有余音，故宰相李吉甫在《元和郡县图志》一书中抄录了"欲拔贫，诣徐闻"的汉谚，意图说明曾几何时雷州半岛的辉煌。

事实上，即使在汉唐之间的南北朝时期和唐朝以后，雷州半岛均不乏来自海上丝绸之路的历史故事和历史名人。1984 年，在湛江市遂溪县的一户农家中出土了一批文物，包括波斯银币、金银手镯、金指环、金碗、银碗等，这批文物经国家文物专家鉴定，是距今 1000 多年前南朝时期的域外物件，其中的鎏金器和数枚波斯银币已被确认为国家一级文物。唐代鉴真和尚东渡日本时，也曾踏迹于雷州半岛。而雷州先贤郑玖、南三岛的陈上川，更是在明清鼎革之际，率众从海路到达东南亚一带，经过一番垦殖开发，将原来荒野的越南南方当地变成了人烟稠密、外贸发达、经济繁荣的市镇，其中郑玖所在的河仙地带，更是被西人称为"港口国"。而"金芷寮，银赤坎"的民谚似乎也在揭示着港口、海洋在沟通湛江、雷州半岛与域外社会交往中的重要性。

当代湛江是一座以数千年的雷州半岛海洋经济和文化史作为其厚重历史背景，以雷州半岛及两广相关区域为广阔腹地，和在法国租借地广州湾的基础上发展起来的现代化港口城市。1984 年，湛江凭借海洋优势成为我国 14 个沿海开放城市之一。经过多年的曲折发展，如今的湛江又重新焕发生机，再次成为中国较大货运港口之一和海上丝绸之路的重要节点城市。海洋、海岸、海港、海岛、海滩、海鲜……曾经是并将一直是湛江海洋经济的重要支柱，也是湛江市和雷州半岛社会、历史、文化的不可分割的一部分。

海洋对湛江的重要性是不言而喻的。然而可惜的是，由于种种原因，社会上，包括不少湛江本地人，往往对海洋在湛江文化中的地位理解不深，这是一个遗憾。有鉴于此，我们组织编撰了这套《湛江海洋文化丛书》，以期溯源开流，梳理半岛海洋文化文脉，促进人们对湛江海洋文化的认识。其中关于湛江海洋文化的形态（包括航海文化、海岛文化、海洋文学、海洋艺术和海洋民俗信仰等）、历史，湛江海洋文化的精神如何得以体现，以及这种精神如何支撑着湛江经济社会的发展，等等，这些问题都应该得到应有的研究。我们希望通过这些层面的研究，能够为湛江的未来提供一定的借鉴，以期进一步推动湛江市海洋经济、社会与文化的发展。

编　者

2017 年 8 月

目 录

上 篇
东海岛历史研究

一、东海岛的基本概况

（一）地理概况

东海岛，位于北纬 20°55′—21°55′，东经 110°11′—110°21′，地处今湛江市城区东南部。其东出太平洋，南下东南亚，是我国与印度洋、太平洋沿岸国家和欧洲海陆的重要交汇点。全岛面积 286 平方千米，是中国第五大岛。该岛地势东高西低，东为玄武岩台地，西为海积平原。东端距海滩 2 千米处有其最高峰——海拔 111 米高的龙水岭，为火山碎屑岩及少量玄武岩构成，是湛江市 56 座火山锥形之一，是天然航海陆标。蔚鹩港和北山港为岛内最大渔港。东北部龙腾至蔚律 6.5 千米海岸线，水深 26—44 米，航道距岸仅 200—300 米，可同时通航两对 30 万吨级以上的货轮和 50 万吨级的油轮，拥有可建设国际一流深水大港的条件。一条 28 千米长的海滩，是"中国第一长滩"，海滩绵长且洁白，可与澳大利亚的"黄金海岸"相媲美。

东海岛气候四季宜人，为亚热带季风性气候，阳光充足，雨量充沛，很适宜居住。

（二）名字由来

传说在宋恭帝向蒙古人投降、被蒙古人掳走之后，为了支撑南宋的半壁江山，文天祥、张世杰等忠臣又拥戴益王赵罡继位做皇帝，

东海岛、
硇洲岛
历史研究

DONGHAIDAO、
NAOZHOUDAO
LISHI YANJIU

四处逃亡。正值蒙古铁骑赶尽杀绝的危难之际，忽然飞来一只大蝴蝶，声称要救驾。可是这蝴蝶是从哪里来的？原来是从吴道子画的《美女扑蝶图》中飞下来的。吴道子人称画圣，他的画是很有灵气的，只因宋徽宗赵佶也是好画之人，当年他见这只蝴蝶画得传神，心生怜爱之意，便用御笔在扑蝶的扑字之上加上了一个小小的"免"字，成了"美女免扑蝶"。蝴蝶铭感皇恩，一直未能报答，今见赵家有难，便现身来救驾。赵罡等人见形势危急，便纷纷爬上蝴蝶的背脊逃命。蝴蝶振翅一飞，冲出重围。为了逃离蒙古铁骑的追赶，它拼命地飞呀飞，不知越过了千山万水，也不知飞了多长时间。它飞到一处海湾，已经筋疲力尽，再也飞不动了，便一头栽到大海里，变成了一个海岛。再说小皇帝赵罡，他睁开眼睛，见四面是海水，心里纳闷，不知是什么地方，但又想到刚从临安城逃出来，如今见到大海，莫非就是临安城东面的东海？于是便冲日说出："哈哈，我们逃到东海岛了！"由于皇帝开了金口，从此人们就将错就错，把这里叫作"东海岛"。

东海岛也的确像一只蝴蝶，至于东海岛的名称，明清时代叫作"椹川"；法国强租广州湾后，把这里划为"东海区"；此名沿用至今，就叫作"东海岛"。

（三）历史沿革

宋绍兴年间，属遂溪县管辖；明洪武和正统年间，曾在东山圩设置椹川巡检司；清雍正年间，将雷州守备合并移置于东山圩，改名为东山水师营；1899年，划东海岛入广州湾租界；1945年，设东海区；1946年，东海区分为东山区和东简区，并成立区公所；1952年，将东海从湛江市郊区划出，设置雷东县，隶属粤西行政公署领导，县址设在东海岛的东山圩；1958年，撤销雷东县，并将雷东县并入湛江市郊区管辖，并于同年建立东海人民公社；1959年，东海公社拆分为东山、民安、东简三个公社；1961年，湛江市郊区设东海区公所；1992年，设立"湛江市东海岛经济开发试验区"；2009年，湛江经济技术开发区与湛江市东海岛经济开发试验区合并为新的湛江经济技术开发区。

（四）主要特产

1. 民安灶蟹

东海岛特产民安灶蟹，驰名遐迩，声誉很高。灶蟹本也是蟹，它是因捕捉于"灶"而得名，这"灶"便是人为的蟹洞。蟹肥了要入灶"脱壳"，人们在这人为的蟹洞中捕获它，便称"灶蟹"。灶蟹也许是入灶以后得到了"自我完善"的机会，所以跟别的蟹有很大的差别，具有"肥、香、甜、脆"以及"长命"的特点。灶蟹最显著的特点是肥，蟹肉丰满，蟹膏殷红干实，味道芳香、甜美可口。灶蟹蟹壳松脆，多有"双衣"。它是蟹族的"骄儿"。

民安北边是内海，陆地架长、港汊多、土质好，东西合流、水速适中，又布满红树林和海草，这是最适宜灶蟹生长的优越环境。据传山内村从明朝初叶其祖宗于福建迁来定居之日起，便以捕灶蟹为业，至今已26代，约有600多年历史。民安灶蟹远销广州、深圳、珠海以及港澳等地，名声日盛。

2. 东海香瓜

香瓜，因其形状似苹果，所以叫苹果香瓜，是东海岛的特产。这种瓜在其他地区较为少见。香瓜成熟季节，东海岛所有的墟市上到处摆满了香瓜摊，芳香扑鼻。人们见到的、闻到的都是香瓜，整个圩市简直成了香瓜的世界！

东海香瓜成熟后表皮呈白色，光滑鲜嫩，透过表皮隐隐可见瓜内部有一些青色的"瓜筋"。鼻子靠近香瓜时，可闻到一股芬芳的水果香味。香瓜具有水分多，清甜脆口的特点。在药用上，它清热解暑，利尿健脾胃，是夏日食用的南国佳果。香瓜的品种不多，在东海岛基本上是苹果香瓜。它的大小因季节种植的先后、种子的优劣、管理的不同而有差异，小的香瓜一般是0.1千克，最大的香瓜可达1千克多。夏日的东海岛，市民们几乎天天都可以吃到清甜可口的香瓜。

东海岛、
硇洲岛
历史研究

DONGHAIDAO、
NAOZHOUDAO
LISHI YANJIU

二、宋元明清时期的东海岛

(一) 人口繁衍和迁徙

1. 黄姓

据《雷阳黄氏谱》载,湛川一岛,有好修之士焉,孝足以型于家,仁足以及于人,道足以正其乡里,善信笃实,不汲汲于流俗之浮名。而湛川之人,至今道之,其多士被其高鼓舞,而争自濯磨,其后嗣守分勤职,支中绳墨而不颇,其何人与?闻之吾有黄超然所述其王考古愚府君之事略,殆范史中之所称独行近之矣。君讳宗海,字修五,号古愚,其远祖岸公字观海者,官至荆州刺史,著籍于福建莆田县,越七世后公,迁于江西泰和县。到十五世起龙,在南宋与兄腾龙为同榜举人。成进士后,官知琼州,娶夫人蔡氏,生子一评,遭元兵南下,世乱弗获远泰和,居于雷州遂溪县湛川岛。盖起龙实为入粤之始祖。而君则起龙之一十二世孙也。遂溪滨多沃壤,君之考讳天富,致力于农,生足胼胝,见者几不知为名宦苗裔矣。天富四子,伯仲季乃为农而独君读书,习举子业,少为制艺,常冠其曹,胡瑞兰督学于粤,以第一名到入县庠,胡公天下所仰为文章宗匠者也。逾年试优寺补增生,再应乡试不售,遂不复赴,养亲课徒于家。自广州湾宜让于法,湛川岛遂划入租界内。法人聘为公局长,旋辞去。后又聘主讲东海书院。君以为禄不可以苟,而道不可以不明,湛川岛者,吾世于是,乡于是,其乡族人之化于善良,吾责也;其乡族人之习于畸邪,吾之过也。遂出而主书院者十二年。

由是可见,黄姓一族自南宋即已迁入东海岛,即是东海岛最早居民之一。经数百年繁延,至今共有人口 5000 多人,乃东海岛之一大姓。

2. 吴姓

据延陵郡《吴氏族谱卷之一上册》载,江苏是吴姓的故乡和发源地,古梅里是一个中心。在越国攻占古梅里时,族人奋起反抗,致使遭到空前的破坏和杀戮,而后越国采取高压手段,迫使吴人就范,吴人不服,纷纷离乡背井。由于吴人平时善用舟船,于是漂洋过海。这是历史上第一次大流亡,即所谓"南下百越"的壮举。那时所谓的"漂洋过海"，不过是近海而已，也因此在浙、闽、粤沿海各地都有吴姓的足迹。

在广东，中山市的吴姓比较发达，有柏桠吴氏，始祖吴启信，明代由顺德迁来；小榄吴氏有两支：一支是吴广锡的后裔，一支是吴豪的后裔；库充吴氏是吴翔凤的后裔，明代从福建迁来；山场吴氏，宋代迁自南雄，为吴学士后裔；南溪吴氏，从东莞迁来，始祖吴祖德；汉坑吴氏，吴智达后裔，清代自陆丰迁来；潭州上村吴氏，以吴常禄为始祖，明代从广州迁来。此外，广东兴宁吴氏是江西南迁的一支，吴文福为始祖。西汉的著名清官吴霸，是越灭吴后迁来，其后裔非常兴旺，今广东一带的吴姓大都是他的后裔。

龙水吴氏派出延陵郡，是季札的后裔。祭公七世孙保金，北宋进士官银青光禄大夫，晚谪高凉参军，三年宦满。1092 年，率长子克俭卜居吴川县古城里，要因此地建吴川县衙署，保金公七世孙敏吾让地建城，移居吴阳上郭世居。敏吾公生三子，长名颐号味淡，南宋咸淳特凑进士光禄寺正卿，次子名著号静淡，居吴川黄坡大岸吴屋。三子顺淡居那郭七斗。著公配赵氏生一子名日就，日就号仲经配许氏生四子，长朝魁，次翰魁，三锦魁，四泰魁。朝魁号严实配朱氏生五子，长玄、次荐、三献、四隆、五胤。荐公自吴川黄坡大岸吴屋占籍东海岛，明永乐年间世居龙水，枝派繁衍，与日月共存。荐公配岑氏生四子，长宁德、次宁安、三宁甫、四宁实。次宁安三传失嗣，四宁实子孙兼继。故我龙水吴氏分为三大房。尊荐公为龙水始迁祖，宁德、宁安、宁甫、宁实为开基二世祖。

龙水吴氏宗族派系延陵郡，乃季札、祭公之后。唐进士屯田员外郎泰伯六十八世孙祭公自河南固始入闽，定居莆田钱坡，是为吴氏入闽始祖之一。历七世至宋进士银青光禄大夫保金公于公元 1089 年谪高凉参军自闽入粤，定居吴川上郭，为上郭吴氏鼻祖。我龙水始祖荐公乃保金公十一世孙，朝魁公之次子，于明朝永乐年间自吴川黄坡大岸迁居龙水，在穷乡僻壤垦荒创业，世代务农，不畏艰辛，迄今逾六百载。子孙繁衍生息，支派绵远流长，有近万户人丁散居于龙水、青南、东南等乡四十余村。我龙水吴氏宗族历代虽乏达官显要、富商巨贾，然尊祖敬宗、宗亲和睦、纯朴仁厚之家风，谦让开拓之精神，世代相传。

又清朝康熙年间因战乱而封海迁界，地处沿海之龙水族人被迫迁徙流散，迁居于外而世系莫详者不计其数……今我族裔矩章无偿提供车辆并驱车偕文会，矩文诸公不辞劳苦，多次奔赴雷州大地，追源溯流，已寻访到卜居雷州调风镇夥塘北村良弼公、附城镇东洋禅妙村国进公，及徐闻曲界镇田洋村行夏公、海安镇白沙僚村王督公后裔共 1700 余众，此等离散逾两百年之宗亲亟盼归宗入谱。

3. 李姓

据雷阳鹿洲《李氏族谱》载，李姓迁雷州，始于元至顺年间，祖仲荣公由江西宁都迁往广东高州茂名王岭。悦、仁两公从茂来遂卜居东海东头山村，子孙分派聚族三雷各地。迄今地灵人杰，子孙众多，文人蔚起，根柠叶茂，源远流长。

子悦，后讳景粤，号芳南，少号辰郎，原籍江西宁都府城江市人，唐宗武二十六世孙也。至顺间随父仲荣并兄景玉景明游粤高州，卜居茂名王岭村。父继娶韦氏生弟子仁元。至顺间，天下扰乱，同弟仁公隐居于雷州遂邑海头，娶林氏子一，继陈氏子一。

（二）龙海天（龙水岭）历史研究

龙海天，位于东海岛东部，是由山峰、坡谷、丘陵、沙滩、绿林构成的天然旅游胜地。它濒临南海，56 里（1 千米 =2 里）银沙，56 里绿树，景象万千，气势磅礴。"龙游龙水龙翻水龙戏水，水绕水龙水栖龙水藏龙。"这副对联是明朝永乐年间一位朝廷大臣游览龙水岭时即兴而作。

这里有一条 28 千米长的海滩，宽 150—300 米，仅次于澳大利亚的"黄金海岸"，是中国第一长滩，世界第二长滩。海滩海水洁净，海沙粗细适中、松软洁净，且含有多种对人体有益的矿物质，进行沙浴可以治疗各种皮肤病。此外还有丰富的地下温泉。

龙水岭是龙海天自然景观最为神奇的地方。据考证，此岭是远古时代火山爆发而形成的。它海拔 110 米，为东海岛的最高峰，是湛江市 56 座火山锥形之一，形似一条龙头高昂腾天的巨龙，常年绿树成荫，风景如画。

龙水岭的得名没有文字可考，但在民间却流传着种种传说。一说是龙水岭原是当地龙家祖先选葬的风水宝地，后遭朝廷的破坏而堆土成山。另一说是很久很久以前，王母娘娘下凡，不慎遗失香珠一颗在香港。龙王派遣十条小龙看守香珠，其中一条白龙贪恋东海岛的美丽风光，擅离职守，飞到东海岛游玩，乐而忘返，定居于此……故留在香港的只有九条龙，香港的"九龙"就此得名，这些美丽的传说都给龙水岭增添了几许神奇的色彩。传说寄托着人们美好的愿望，而眼前的龙水岭确像一条龙头昂起的巨龙。

据说，法国殖民主义者在侵占广州湾之前，龙水岭周围都是白沙茫茫，只有山峰是红泥。龙水岭之巅有座"高山公"庙是由一块大石雕凿而成，浑然一体，玲珑神功。传说当年高山公赴南海观世音设的蟠桃宴，路经龙水岭时，因岭太高不能飞越，误了赴宴时间，一怒之下，一脚把龙水岭踢去了一大截，成了今日这个样子。高山公后来在这里住了下来。庙前十米处有个洞，洞口直径有 1 米宽，深不可测。岭上有石人、石鼓、石锣等象形物。敲击石鼓当即发出"咚、咚、咚""当、当、当"的响声，神奇莫名。可惜后来被法国殖民主义者为建灯塔而炸掉了。

龙水岭是航船进出湛江港的咽喉之地，是天然的"绿标"。其地下有被遗弃的军事工程，洞穿山腰，机关巧没，诡不可记。岛有"登龙水岭而小东海"之感，站立山顶，东海岛的自然风光尽收眼底。

（三）东海书院历史研究

1. 书院的时代背景

东海书院位于东海岛东山镇东山圩，始建于乾隆 1745 年。清代咸丰年间，著名书画家李实发就在这里苦心磨炼，传说书院前池塘的水常被他的画墨染黑。清代户部主事陈乔森就是在此攻读，直接考中举人，所以书院曾以"乔森路"命名校道。还有王石匾、何茂荷等清代翰林书院大学士在此就读过。因此，前人称书院是"学府"，是东海岛文化的发源地。书院内有举人路、乔森路、茂荷路、钟楼、屏风、津泮、竹行、荷池、神龟石、石狗等。

20 世纪 20 年代，法殖民主义者侵入东海岛，其统治机构设在东海中社（现东山镇）。东海书院也遭到了法殖民主义者的入侵。法殖民主义者在书院艮方不到 50 英尺（1 英尺 =0.3048 米）的地方东建兵营马

东海岛、
硇洲岛
历史研究

DONGHAIDAO、
NAOZHOUDAO
LISHI YANJIU

厕,西建炮楼;抢占学生练字作画的蘸墨石槽,为其军马料槽;占书院"举人路",在路南边种上"牛耳树",在路北边种上"潘鬼树"(这两种树都是杨树种,岛民不知其名,以其形称为"牛耳树",以讽刺称为"潘鬼树");进而占书院的"茂荷路"及荷池北面的空地为其跑马场;最后用"红毛土"筑硬底宫道,企图拆除东海书院大殿。法殖民主义者的侵略行径激起了民愤。"东海书柜公"和唐氏董事长带领先生、学生及学生家长,围着法兵营强烈抗议,索还蘸墨石槽,保护书院大殿,并在法殖民主义者炮楼旁边建起神庙四光公庙,在"潘鬼路"南端建起武真庙,用意以"神"赶"鬼",实是反侵略。抗法英雄还在夜间毒死最高长官的军马,在闹市杀死一名法兵。因"书柜公"的父亲是清皇诰命海口水师千总,唐董事长的父亲是广州湾法院院长,所以抗法英雄等人皆相安无事。

2. 书院体制

东海书院的前身是东海义学,义学的前身是东山社学。

抗清复明时期大兴义学,实际上义学就是抗清的掩护物。参看东海岛几个村落几大姓氏的《族谱》可见,东海岛的开山鼻祖在东海岛开族一般都有 30 代左右的子孙了。现东海岛东山圩觉民小学幸存"故石牌",碑文可见"大修义学",而义学堂就是一个反清的地方机构。

社学是元明清三代的地方学校。元以 50 家为 1 社,每社立社学 1 所。明诏令各府、州、县皆立社学,教育 15 岁以下少年儿童。清每乡设社学 1 所,今湛江市区设立的社学有:东山社学,立于乾隆十年(1745 年),由东海岛地方官方戴扬率三社绅耆合建;湖光岩社学;太平的通明社学;麻章的调塾社学和海头的平乐社学等。这些社学至清光绪前废。

3. 书院的学制变化

1921 年,东海书院改名为东海小学。1935 年,东海书院正式改名为东海觉民小学,当时只有初小两个班,高小一个班,两年后发展为完全小学。1942 年,黄超然校长试办初中速成班,并于下半年正式办起觉民初中部。1984 年,湛江市人民政府批准其命名为湛江市觉民中学,把初中部的觉民初级中学改名为东山镇第一初级中学,现归并觉民中学。

（四）东山老街历史研究

东海岛人把东山老圩称为"老街"，或许是它见证了明朝后期以来东海岛的历史沿革、重大历史事件，而且其建筑最具地方特色、民风依旧淳朴的缘故。

东山老圩是一条很普通的村落，有东西走向的中山街和由南向北的大通街，两条主干道"丁"字形摆开，就扛起了整条村的主骨架。再牵连着几条窄仄的横巷、零星的屋舍以及点缀其间的十几幢楼宇，方圆不到1平方千米的面积，1900多名村民、400多户人家就有了安居乐业的地方。然而，就是这么一小块地方，因占着东海岛东山镇的天时地利，有着几百年的人文历史，尤其是舞出了一条被誉为"东方一绝"的人龙舞，也就显得不再普通了。

据当地老人回忆，他们的上祖在嘉靖元年（1522年）前，就从福建等地辗转迁徙来到东山圩。老街东行两千米许，至今尚有一块石碑，上书"奉旨堤岸庄强"，落款是"嘉靖二年八月吉日立"；清雍正十年（1732年）椹川巡检司迁此后，改名东山水师营（载于《雷州府志》）；1899年，法国强租广州湾时，巡检司署成为法国营地；1952年建立了雷东县，县政府又落脚在东山圩。

东山老街目睹历史变迁，因循岁月沉淀，如今已像步履蹒跚的老人，但其建筑的地方特色仍旧清晰。一条不到2千米的中山街卧龙一般躺着，两旁屋舍顺着两个拐弯沿路展开。当中房屋，最多的是一种叫"四绞包廉"的平房型建筑，由外及里分上、中、下三个层次：当街两个门面，一侧是大门，一侧半墙上开个大橱窗，供对外买卖糖、饼、盐巴、酱油、缸、瓦一类小什物，不做生意的人家就用木板把橱窗板上，里面做睡房。中间是庭院，院场两边建起屋手，分别充当厨房和堆放杂物的场所。主人喜欢什么果树，也在庭院里随意种上。最里是"一"字排开的三间正屋。中厅最神圣，一般供奉着家长最崇敬的人或神。据说，这种建筑内聚而有张力，气脉最好。此外，大户人家的建筑大多是两层楼房。门面讲究，三根柱子直上顶楼，大门檐和二楼阳台皆大圆弧造型，楼顶雕花镂石，折射出当年主人功业的辉煌。

虽年代更替，世事纷杂，老街却民俗犹存。正月十二吊灯，五月初六接神，八月十五闹龙，还就老例。东屋杀鸡，南院炖肉，邻居常常相互传递；至于唐家打砖，陈家上梁，也是一个招呼，即有一二十号青壮年闻讯而至，赤膊上场，不求报酬。到六月，深深庭院里的菠萝、柚子摇摇欲坠，芒果、龙眼、石榴探墙而出，香溢四邻，一条窄窄的老街就混杂了各种水果的味道。

（五）人龙舞历史研究

素有"东方一绝"之称的人龙舞，起源于东海岛东山镇东山圩村。早在 400 年前，这个村落就孕育和舞出了一条象征民族图腾经典大义的东方"巨龙"。这条"巨龙"，由少则几十人，多则数百人组成，光膀子光脚，不用道具，也不用服饰，从龙头、龙身到龙尾，从龙舌、龙眼到龙角，一律真人真体合成，真正达到了化人为龙、龙舞传神的境界，是中华民族文化的瑰宝。

1. 基本概况

东山镇位于东海岛的中部，历来是军事要地。每年农历八月十五，全镇东、西两街的人龙舞就会倾情连续演出三个晚上，吸引着岛内、岛外的群众前来观赏。人龙舞起源于明末清初。当时，福王朱由崧带领他的余部南撤，准备到海南建立反清复明基地，相传于八月十五走到该地。当地乡绅为了让士兵能够过好中秋，就把流传于孩子中间的一种杂耍组织起来进行表演。从这个时候开始，人龙舞开始逐步定型，一直发展到今天这个样子。人龙舞盛行于清乾隆、嘉庆年间。清雍正十年，雷州守备师移驻东山圩，改名为东山水师营，有官兵 253 人，并在东山圩设有武秀才考场。自此，东山圩得以迅速发展。当时，东山圩东、西街各有一支人龙舞队伍。武秀才的考试一般设在八月十五。于是，人们白天看武试，晚上看人龙舞，两支人龙舞的队伍相互也展开了技艺的比拼。一时间，东山圩热闹非凡。就这样，年复一年，约定俗成，人龙舞一直舞到今天，历久不衰。

据史料记载，明末清初时期，从福建莆田迁移到东海岛的渔民为了娱神与自娱，几十上百人聚集一起，人搭人，肩叠肩，扮成龙模龙样，走街串巷，吸引街坊来观看、喝彩。以后渐成气候，"人龙"陡增，一生二，二生四，成双成对试比高低。再后来，又将娱龙、敬龙、祭海、祭祖融入"人龙",吸纳龙的精神,踩着龙的步态,随着鼓点的节奏,生动地舞起来,遂成充满浓郁乡土气息的人龙舞,成为古时东海岛乃至雷州半岛经久不衰的重要的民俗和娱乐活动。每逢春节、元宵、中秋和其他一些特大喜庆日,东山圩村东、西两街的人龙,必张灯结彩,连舞上几个晚上,热闹非凡。

"人龙"分"龙头""龙身""龙尾"三个部分。"龙头"最为显目。舞龙头者必须身高力大,基本功好,技巧熟练。他不仅要两手各持香火或盾牌,还要身负3个孩童,分别饰龙舌、龙眼和龙角。饰龙眼的孩童也要两手持香火或提灯笼,或握手电筒发光。"龙身"巨长,一般由五六十人组成,有时达数百人,由每个大人肩上支撑着相继仰卧的小孩分节架接而成。"龙尾"的大人也肩负一个小孩。"人龙"起舞时,锣鼓队的螺号手首先吹响硕大的角螺,声音悠远,由小变大,之后鼓声点点,由缓而急。这时,"龙珠"踩着鼓点引龙而出,"人龙"摆动长长的身躯徐徐游动。之后,伴着锣鼓节奏,"龙珠"左右上下游动,"龙头"昂首前进,"龙身"翻腾起伏,"龙尾"偏偏摆动。突然,锣鼓震天,号角齐鸣,"人龙"似蛟龙出海,排山倒海而来……这既充分展示了中国"龙"气吞山河的豪迈气魄,更体现了舞龙者强大的群体力量和聪明才智,具有浓郁的乡土气息和海岛特色。

2. 所获荣誉

人龙舞于2006年入选首批国家非物质文化遗产名录;在"2007中国湛江东海岛人龙·沙滩旅游文化节"开幕式上,由188名表演者共同创作的76米长的"东海岛人龙舞",被载入"上海大世界基尼斯之最"纪录;2013年12月,作为唯一一支代表广东省参加中国民间文艺家协会主办的中国舞龙"山花奖"比赛的队伍,获得第11届中国民间文艺最高奖"山花奖"。

3. 杰出价值

人龙舞是东海岛特殊社会历史因素与优越地域自然条件的杰出产物,它契合了中华图腾文化、汉闽文化、海岛文化等多重特色,形成自创一体、独具一格的民俗文化体系,是中华文化的延伸和发展,具有极其重要的实用价值和学术价值。

首先，人龙舞作为中国龙图腾文化的特殊表现形式，对于进一步研究中华民族龙文化、龙的象征意义及中国人的龙马精神具有重要意义；其次，人龙舞作为一种典型的海岛风俗和娱乐方式，对于研究中国的祭海文化、海洋文化和海岛风俗文化具有不可估量的价值；最后，人龙舞作为一项群众性广场性大型娱乐活动，寓龙的团结奋进精神于娱乐之中，融强身健体于娱乐之中，寓艺术享受与艺术创造于娱乐之中，对于丰富人民群众精神生活，提高人民群众身体素质和艺术素质，促进人的全面发展，都将产生重要的作用。

三、广州湾时期的东海岛

(一) 法国强租广州湾及其影响

1898 年 3 月，在第二次鸦片战争后西方资本主义瓜分中国的割地狂潮中，法国以"趸煤"为借口，要求清政府允租吴川县属的海湾小村坊"广州湾"（今南三岛内），然后肆意向东西两边的内地扩张，引起遂溪、吴川爱国官绅和人民群众的坚决抵抗。由于清政府惧外妥协，于清光绪二十五年十月（1899 年 11 月），在法国胁迫下，签订了《中法互订广州湾租界条约》，将遂溪、吴川两县属部分陆地、岛屿以及两县间的麻斜海湾（今湛江港湾）划为法国租界，统称"广州湾"，划入法属印度支那联邦范围，设广州湾行政总公使署，受安南总督管辖，广州湾彻底沦为法国租借地，归属法属印度支那管辖。此后，广州湾在三色旗下度过了 47 年的岁月，直到 1945 年，中法两国签订了《中法交收广州湾租借地专约》，中国政府才收回广州湾。

在法国殖民统治期间，法军占炮台、筑兵营，进行残酷的屠杀、炮轰、焚烧、奸淫、掠夺，无恶不作，肆无忌惮。法当局还纵容军阀、土匪、恶霸、劣绅实施走私、贩毒、征收各种税款、搜刮民脂民膏等行为。广大人民群众深受欺凌，生活凄苦，朝不保夕。法国殖民的残酷统治也激起了广大民众的愤怒，他们奋起反抗，英勇顽强，为保家卫国写下反侵略斗争的光辉一页。

（二）组织开展农民运动　抗击法国殖民统治

1923 年 6 月，中国共产党确定了与国民党实行革命统一战线的方针。1924 年 1 月，孙中山先生改组了国民党，实行联俄、联共、扶助农工的三大政策。在这个形势影响下，农民运动蓬勃发展，东海岛革命人民也点燃了革命的烽火。1925 年 11 月，东海岛进步青年苏天春随军南下雷州，秘密发展共产党员，成立农会，组织农军。1926 年，国民革命军出师北伐，毛泽东同志支持了广州农民讲习所，全国农民运动猛烈开展。于是苏天春决定在东海岛调那山后村唐定荣的家秘密成立农会，当时加入农会的会员有 100 多人。1927 年 4 月 12 日，蒋介石发动反革命政变，屠杀大批共产党人和革命人民，党和革命的组织遭受到严重的破坏。这时，东海农民协会也转入地下活动。当时，调那山后村唐定荣、唐李志、唐平家、唐那二等获悉遂溪县海山村黄凌氏带领农军在海康一带活动，他们立即冒着生命危险，前往寻找革命组织，与黄凌氏取得了联系。这些农会会员后来都加入了农军，并在太平一带参加攻打法国的公局和反动民团的战斗。1928 年 5 月，唐定荣等秘密将黄凌氏、黄广荣及 30 多名农军带到东海岛，并在他的家里住下。当时，东海岛的农民运动虽然遭到反动派的镇压，但他们并没有被征服。黄凌氏等农军在调那山后村住下后，即在唐定荣的家里建立了党支部，发展唐定荣夫妇及一些农会会员加入党组织。在经过多方面的工作后，又争取了东海岛的绿林好汉唐秋保，使其带领 70 多人秘密加入农会，并改编为农军。

1929 年，东海农民运动的浪潮涌向东海小学，进步教师李春熙等向学生宣传爱国思想，激励学生反对外夷奴役中国人民，发动学生掀起学潮，举行罢课，开展抗法斗争活动。不少学生受到革命思想的影响，走上了革命的道路。在他们的影响下，东海岛不少农民也加入了农会。农军先后攻打过太平、东山、硇洲淡水等地的法国公局，缴获一批枪支弹药，惩办了一些土豪劣绅。在攻打法国公局时，唐定荣的妻子还组织了一支"妇女运输队"，有力地配合农军作战。

1931 年春节，黄凌氏获悉反动头子黄河泮和黄妃三等人从遂溪窜到西营（今霞山）活动，随即召开会议，与农会领导唐定荣及东海农军唐秋保研究决定，派黄凌氏的儿子黄广荣带两名农军潜入西营暗杀这两名反动头子。但因叛徒告密，黄广荣等三名农军被捕。对此，他们决定组织力量前往营救，派唐秋保、唐定荣带领农军到西营往遂溪的公路伏击。但敌人已将黄广荣等 3 人押解至吴川县杀害了。

东海农民的革命运动引起了法国殖民当局的恐惧和仇视，他们妄图把农民运动镇压下去。1931 年 10 月，法国当局与东海反动势力一起，要血洗山后村，并扬言要将农会领导唐定荣夫妇及农军领导人黄凌氏、唐秋保等碎尸万段。一天晚上，正值农会、农军一起开会，法国当局派兵包围了调那山后村。农军英勇与敌人血战，但因寡不敌众，黄凌氏、唐秋保被捕，农军唐那二、唐李志、唐神保等被当场杀死，唐定荣被打得遍体鳞伤后牺牲，其妻被法国兵绑吊起来活活打死，黄凌氏 1 个年仅 10 岁的孙子黄妃二（现名黄兰敬，在遂溪县工作）被群众藏于草棚之中，才幸免于难。黄凌氏、唐秋保则被押往遂溪和梅箓杀害。农军唐平家被捕入狱后即越狱逃跑，法国当局曾出赏 300 个大洋缉拿他。

此次事件使东海岛农民革命运动遭受到严重的破坏，失去了不少优秀的革命儿女。但是东海岛人民在反抗法国殖民统治斗争中所孕育的抗争精神激励着东海人民，使他们在后来的抗日、解放战争中发挥了重要的作用。

（三）抗击日本帝国主义的侵略

1. 抗日战争时期东海岛党组织发展情况

（1）东海岛籍青年参加党组织情况

1938 年 8 月，中共广东省委组织部派黄其江、陈其辉两人回遂溪县重建党的组织和开展抗日救亡运动，成立遂溪青抗会（以下简称青抗会），组织下乡工作队。1938 年 9 月，黄其江介绍邓麟彰、沈汉英两人参加中国共产党。从此，东海岛才有了党的根苗。

沈汉英于 1939 年 2 月回东海岛，先后吸收黄明德、沈斌、黄学海三人为党员。黄明德、黄学海入党后，参加遂溪县青抗会的下乡工作队。1939 年下半年黄明德任遂溪山家村党支部负责人时，吸收在该村工作的黄轩、黄克明和在双港村工作的沈醒民（沈彦）入党。1944 年沈醒民回东海三盆村介绍沈文清入党。1945 年黄轩回东海东参村发展黄安保、黄珍、黄春兰为党员。

1939 年 3 月沈斌入党后，同年 5 月便在下社发展谢国美（谢其乐）、王玉颜、沈荣珠、沈植三等四人为党员，同年 9 月成立了东海第一个党支部。随后，沈斌在西山村又吸收沈自豪入党。沈自豪入党后，1939—1942 年间在西山村发展沈益聪、沈土声、沈佛才、沈时文、沈时教、沈时读等人入党，成立西山村党支部。该支部又陆续发展沈时泽（沈泽）、沈兆炎、沈自利、沈兆梅以及南池村沈克等人入党。

谢国美、王玉颜两人入党后，1939 年下半年在龙舍、山内等村发展的党员有符连光、符连金、王仕生、陈光爵（陈宗德）、陈元寿等 5人。成立支部后，又吸收王玉汤、王如竹等人入党。

谢国美、王玉颜两人在邓屋发展邓玉勤、邓玉梓等入党，成立 1 个党小组后，王玉颜又发展黄义民入党。1940 年谢国美在新民小学吸收陈英入党后，成立了党小组，陈英介绍王融、沈粤民入党。1942 年沈粤民介绍大熟村沈树琦（沈阳）入党。1943 年至 1945 年，陈英又吸收了陈雄才、陈培林、林加均为党员。

1939 年 3 月，邓麟彰在遂溪下乡工作队中吸收东海青年沈潜入党，同年 3 月，又介绍在遂溪泮塘村工作的唐多慧（唐乃祥）入党。当时，邓麟章是遂溪县工委委员，分管组织工作，他很重视东海觉民学校的建党工作。后来，唐多慧介绍了李晓农同学参加党组织。1940 年，李晓农介绍林宏发、林增文两人入党；接着，林增文介绍陆锦西入党。1942年，林宏发在益智中学读书时，介绍杨金波入党；1943 年下半年，林宏发在觉民学校又介绍杨增入党。1944 年，林宏发与陆锦纶在觉民学校先后发展了庄东来、黄宜、尤之敏及东坡村杨甫昌等人入党。1945年上半年又吸收沈德和王玉山为党员。觉民这批学生入党后都是单线联系的，学校没有成立党支部。

1938 年，唐多慧在遂溪工作时，介绍唐益华到麒麟山村办夜校。1939 年由卜国柱、殷英介绍唐益华入党。唐益华入党后，介绍唐友三、唐协碧入党。1940 年，唐益华、唐友三两人在调那村介绍唐克敏、唐协能、唐均、唐力生、唐怀文入党（由谢国美监誓）。1940 年，遂溪的陈劭力（陈章）在调那海文小学任教时，介绍唐林、唐吴瑞、唐启明等入党，党员 10 多人，成立调那党支部。

1939 年，王保华由唐才猷介绍入党后，同年 2 月，与马如杰在界炮村介绍陈元清入党。1944 年 10 月，陈元清在遂溪独立大队任政工队长时，吸收唐平、王悦炎两人入党。王悦炎于 1945 年介绍黄成海、许锦理、许建义等人入党。

1939 年，在遂溪县青抗会下乡工作队的东海青年黄元仪、黄葵、庄梅寿、郑开均、王烈（王平）、唐协森都先后参加了党。庄梅寿于 1943 年初在赤坎介绍唐学清入党（支仁山办入党手续）。1945 年，黄葵在十二昌村发展了该村青年黄明、黄球两人入党。两人入党后，又在本村发展了一批党员。

在外地工作或参军的东海青年陈克、沈志英、唐英、陈元兴、符奇、黄胜、王魁、陈元均、黄书田、黄惠民等同志都在抗日战争时期加入了党组织。

抗日战争时期，参加中国共产党的东海籍青年约有 120 人，分布在岛内 30 多个村庄，这些同志大多数是知识青年，他们在群众中起着骨干的作用。在外地工作或参军的这些党员，也直接联系着自己的兄弟姐妹和亲戚朋友。总之，这批党员，对东海岛的革命起着桥梁的作用。

(2) 东海岛党组织的变动情况

1939 年 5 月，东海岛第 1 个党支部成立，党员 5 人，书记是沈斌。1940 年，全岛党员发展到 40 多人，有 3 个农村党支部：一是西山党支部，沈时读书记调外地工作后，沈土星任书记；二是调那党支部，书记先是唐益华、唐友三，后是唐协能；三是龙湾（龙舍、山内等村）党支部，陈光爵、陈调书记入部队工作后，符连光任书记。

为领导东海岛党组织的全面工作，遂溪县委决定成立中心党支部，沈斌兼任书记。1940 年 6 月，沈斌调任海南难民队工作之后，沈潜为书记。两个月后，沈自豪任书记，沈醒民为副书记兼组织委员，唐友三任宣传委员，陈光爵为委员。

东海岛党组织曾有一段时间是由南路特委宣传部部长潘云波直接领导。1940 年下半年之后，属遂溪县东区区委领导。黄明德任区委书记时，寒假期间，曾在东海新民小学办过党训班。1941 年 2 月，沈斌调任遂溪县东区区委书记后，东海岛的联系工作由他负责，直至新中国成立前夕。

沈自豪负责东海岛的工作一年多后，调去遂溪县，沈醒民、唐友三、陈光爵也先后调离东海岛。这段时间，国民党掀起反共逆流。沈斌根据南路特委的指示，东海岛党组织撤销中心支部，改为特派员制，采取单线联系、分片负责的领导形式。谢国美任东海岛特派员，在特派员领导下，分片负责：

①林宏发负责东山片。1942 年，林宏发在湛江益智中学读书，受庄梅寿、郑开均及唐多慧的直接领导，在东海中社开展工作。1943 年其两端关系才转给沈斌。林宏发毕业后，仍派回东海岛工作，负责东山片，包括东山墟、觉民学校、东坡、十二昌、十石、西坑、调市等村。

②沈粤民负责西山、三盆片，下辖西山党支部沈土声，三盆党支部沈文清与邓屋党小组邓玉勤等人。

③符连光负责龙舍、山内片，联系龙湾党支部。

④唐协能负责调那片，联系调那党支部。

1944 年 2 月，谢国美接受沈斌的紧急指示，调往徐闻县下桥的抗日联防大队执行任务。这时，东海岛的工作由林宏发接管。

1944 年 7 月，陆锦纶调回东海岛工作。当时，沈斌指示，林宏发在东山圩专抓经济工作，身负特殊任务，为掩蔽身份，他不接管东海岛的全面工作。全面工作由陆锦纶负责，林宏发仍属沈斌领导，沈斌和林宏发之间的联系，由陆锦纶转达。当时东海岛恢复中心支部组织，陆锦纶任书记，委员有：沈粤民、符连光。分片领导的形式不变，林宏发只联系觉民学校的党员，东山片农村的工作移交陆锦纶接管（东坡的杨金波、十石的许建义，十二昌的黄明等人均由他直接联系）。

抗日战争胜利后，沈斌根据遂溪党组织"掩蔽精干，长期埋伏，积蓄力量、等待时机"的 16 字方针，于 1946 年 2 月，通知林宏发先撤去越南的海防，同年 4 月又通知陆锦纶也撤退到那个地方。为继续贯彻撤退的方针，陆锦西、杨增两人于同年 6 月也到了海防，不久他们又转入越南内地我党领导的部队工作。后来，陆锦纶撤离东海岛后，其工作交给黄葵同志负责。

2. 西山村人民的抗日斗争

(1) 西山村党组织建立的经过

1939 年 3 月，沈斌在遂溪参加下乡工作队时，由沈汉英吸收入党，不久回东海，在下社吸收了沈荣珠、沈植三、谢其乐、王玉颜入党，成立了东海第一党支部，沈斌同志任支部书记。1939 年 5 月，沈斌同志在西山村吸收沈自豪、沈佛才、沈益聪、沈土星、沈时教、沈时文、沈时读 7 人入党，成立了西山村党支部，由沈时读任书记。下半年沈时读到外地工作，由沈土星任支部书记。同年 11 月吸收沈时泽入党。

1940 年上半年，西山村党支部发展了沈兆梅、何振华、沈后贵入党；1940 年下半年在南园小学吸收沈自利、沈兆炎、沈粤民入党；1941 年吸收沈克、沈益聪两人入党；1942 年吸收沈阳入党。从此以后，党的组织不断发展壮大。1945 年 5 月吸收沈德入党；1947 年吸收沈时乡、沈树连、沈荣居、王菜梅、沈九处、沈其绪、沈其统、沈植、沈尚怀、王梅珠、陈春桂、苏梅、沈菊双入党；1948 年吸收沈如碧、沈恒尊、沈荣禄、沈恒气、沈荣江入党；1949 年 5 月吸收了沈坚、沈益隆、沈自端、沈茂挑、沈树聪、唐芳，沈荣春入党。至新中国成立前夕，西山党支部前后发展党员 47 人。1949 年 5 月，大熟村从西山支部分出，另外成立支部，沈荣居任支部书记。

(2) 在抗日战争时期的革命斗争情况

1936 年 12 月，北京学生掀起抗日救亡的"一二·九"运动，这时在雷师求学的邓麟彰、黄其江等同志给沈斌、黄明德寄来进步杂志《永生》等刊物。在"一二·九"运动的影响下，以黄明德、沈斌、谢其乐、王玉颜、沈植三为骨干，成立了下社抗日救亡分会，进行抗日宣传。

沈斌同志在西山村以南园小学为据点进行抗日救亡的宣传活动。他办起了农民夜校，让男女青年免费入学。不久，下山、后坡、塘尾、大熟、迈林坡、南池等村也办起了分校，共有 400 多人参加学习。农民夜校一方面学习文化，一方面宣传抗日，宣传共产党的主张，使群众的政治觉悟和文化水平得到不断提高。此后，在家中或田头，人人谈论抗日救亡的大事，许多文盲达到高小或初小文化水平。夜间，到处灯火辉煌，村村有读书声，群众兴高采烈，人们唱道："门楼高高关架挂，西山是个哋西山，夜间灯火照通村，想活繁华得繁华。"因而农民夜校得到了广大群众的支持。没有课室，大家动手割草、打泥砖、砍竹板，大家动手制作课桌、课凳。为了解决夜校费用，又发动群众合资办起了消费合作社。合作社既解决了夜校费用，也方便了群众，因而消费合作社被誉为"同心社"。群众编写了一首雷歌，歌颂合作社："团结一致心无两，合心办个大字号，名称叫作合作社，资金用来办学堂。"

南园小学是西山一带的革命活动中心，党组织派了不少党员来担任校长，沈斌、曾德才、许铭庄、周少珍、邹建绩、黄其通等先后负责过学校的领导工作；参与夜校工作及担任教员的还有沈伟才、沈时读、沈时文、沈阳、沈树悟、沈时教、沈自豪、沈时方、沈德孝、沈开昌、沈益德、沈自励、沈兆炎、沈时泽、沈粤民等。

1939 年初，汪精卫公开投降日寇，沈斌同志根据党中央提出的"坚持抗日，反对投降；坚持团结，反对分裂；坚持进步，反对倒退"的原则，在办起东海青抗分会后，也在西山村办起青抗站。接着在水流沟、东山、东简等地召开反对汪精卫投降日寇的群众大会。这时，王××、李××、邓××等出来反对，沈斌同志组织革命青年们与他们展开针锋相对的斗争，并在斗争中争取团结了大部分上层人士，从而孤立了他们。西山村党支部积极组织领导本村群众参加了这一斗争。

1938 年和 1939 年，东海岛党组织利用"双十节"搞提灯大游行，宣传抗日救国。西山党支部根据上级指示，组织群众 400 多人，参加东海岛民众"抗日救亡"的活动。人们用木和竹制成枪刀，组织了大刀队，队伍从南园小学出发，提灯游行经过水流沟，同新民学校学生队伍汇合一起，浩浩荡荡地向法殖民者在东海岛的统治中心——东山进发。沿途高呼"打倒帝国主义！""坚持抗日，反对投降！坚持团结，反对分裂！坚持进步，反对倒退！""打倒汪精卫！"等口号。

西山村群众经过这一活动以后，革命觉悟不断提高，革命热情更加高涨。

在广大群众革命觉悟大大提高的基础上，党支部又用新的形式团结教育农民。农民必须有自己的组织，党支部就把农会组织起来。有了农会以后，经常带领农民开展各种活动。农会的活动缺少经费，就组织人

东海岛、
硇洲岛
历史研究

DONGHAIDAO,
NAOZHOUDAO
LISHI YANJIU

力租种祠堂庙宇的土地。随着形势发展，又把农会改为耕种会。直至1943年，耕种会又改名为中秋会，会长由沈益聪担任，下面分为若干组，组长有沈坚、沈益隆、沈兆梅等人。这样，西山村农民在自己的组织带领下，一步一步地把革命引向深处。

为了斗争的需要，1940年西山党支部通过乡团长沈树悟（进步群众）把革命积极分子派进乡团去掌握武器，保卫群众利益。不久西山村乡团的行动引起当时在东海岛的法帝当局的注意。在革命遇到困难的情况下，通过选举的形式由党支部书记沈土星接任乡团长，也把共产党员沈兆海、沈后贵选了进去。这样，党组织更容易掌握武装。不久，在乡团内秘密建立了党小组。由于党小组不断努力活动，使武装完全掌握在党的手里。

1941年春，国民党反动派强令解散遂溪"青抗会"，革命斗争形式由公开转入隐蔽。这时，沈斌被调到遂溪东区（包括广州湾及东海）工作。他首先武装党员的思想，对党员进行组织观念和革命气节教育，坚定革命意志以适应新的形势。西山村党支部在沈斌的直接领导下，教育党员在革命遇到困难的时候，要看到前途、看到光明，使全体党员的组织纪律性大大提高，提高了党员的思想觉悟，革命意志更加坚定，党的组织更加严密更加巩固。

西三村是党组织在东海岛的一个重要联络点。1942年东海岛的秘密联络点设在南园小学，由邹建绩负责，后被敌人注意就转移到沈益聪家，由沈益聪负责。担任交通员的有沈益聪、沈土星、沈时文等同志，后吸收沈兆梅、沈坚、沈益隆参加。这些交通员负责东海岛至赤坎、或者东海岛至各地之间的联络任务。1944年7月，上级送给海南党组织的电台就是由沈时文、沈土星到赤坎接回东海岛，在沈益聪家里保管，后由沈时文、沈文清经三盆村，再用船送往硇洲岛，交给海南派来接运的同志。这个联络站后来又负责了同太平、新鹿等处的联络工作。1944至1945年，东海觉民学校的学生以及东海岛各村庄去参加部队，100多人也从西山村转送。西山这个秘密联络点，在广大革命群众的支持和保护下，顺利地完成了几百次的交通联络任务，而且从未出现过泄密事件，也没发生过任何事故。

为了适应斗争的需要，根据上级指示，从 1942 年起，在西山村建立武装组织。党支部在农会骨干分子中挑选 10 多名青年，分别由沈兆海、沈坚担任正、副组长，主要任务是开展防奸、搜集敌情、保护革命群众的工作。随着革命斗争发展的需要，从 1945 年 4 月起，成立地下游击中队，队员共 40 多人，长短枪数十支，由沈益德任中队长，沈自励任指导员，主要任务是锄奸和为部队输送兵员。这个中队先后护送了 100 多人到南路人民抗日解放军第一团以及其他部队。

1942 年 9 月，沈斌在赤坎办了一间"永发行"，以掩护革命活动。为支持革命工作，在筹集资金时，不少同志踊跃解囊。调那村的唐英、唐力生、唐平等同志拿来了大部分资金，此外，西山村沈土星、沈其荣、沈树悟及其他革命群众也筹集一部分资金。这些同志还开办油榨业务，为永发行提供货源，积累资金。他们又将收入的一部分钱，供党组织搞武装斗争。

3. 山后村人民的抗日斗争活动

抗日战争爆发后，全国各地掀起了抗日救亡的浪潮。此时，在遂溪参加青抗会和共产党组织的唐益华，根据党组织负责人沈斌的指示，于 1939 年回到调文村，与山后村进步青年唐怀贵、唐平、唐友三等一道发动群众，宣传抗日救国道理，创办海文小学，开办民众夜校，组建青抗会分站。当时进小学和夜校学习的人数达 200 多人。在此基础上，重建了党组织，并将下落、新南、新北、山后等村联为一个支部，唐益华、陈绍李先后任书记。山后村建立党小组，唐那三为党小组长，先后吸收唐平赞、唐平玉、唐林、唐龙春等加入中国共产党。该支部成立后，在抗日战争和解放战争中起到重要的领导核心作用。

抗日战争初期，唐益华在调文重建党组织之后不久，又组建了抗日游击小组和联络站。1943 年，唐益华因工作需要离开了调文，党组织领导人唐平又派唐广春到山后村，向联络站负责人唐候进传达上级指示，恢复农会和妇女会，农会长由唐候进兼任。当时，党组织领导人唐怀贵、唐太清等经常到山后联络站，布置和安排各项任务。有一次，唐候进根据上级党组织的指示，带领 17 名游击队员到山西联络站，由交通员唐益信带路，将一批弹药运往遂溪七里乡交给前线部队。这个站还先后掩护过党组织领导人庄梅寿、唐克敏、唐平、唐太清、唐怀贵、王玉颜等。

为了革命工作的顺利开展，党组织积极做好统战对象唐龙炳（广州湾法帝当局议员）和唐平周（本村头人）的思想工作。因此，土地革命战争时期的"白皮红心"政权被敌人摧残后，到抗日战争时期又建立了新的"白皮红心"政权。在这一新的"白皮红心"政权的配合下，公开以"联防团"的形式，建立了抗日游击小组，主要任务是夜间巡逻、防特、防匪。同时，还在"头人"的支持下，组织了村的渔网队和种蔗队，将龙头宫一带海埠交由山后村渔网队经营，并划出一块地给种蔗队开荒耕种。其实这两个队都是分别负责了解海上敌情，对商船进行收费和为解决革命活动经费而开荒种植的。当时，党支部还发动革命群众捐献钱粮。从 1941—1942 年，捐款情况如下：唐乃仪 600 元、唐士直 400 元、唐长琼（唐协森父亲）1000 元、唐平玉 300 元、唐士玉 600 元、唐乃富 300 元、唐坚 600 元、唐士发 1000 元、唐英母亲 800 元（分两次捐）、唐安义 600 元、唐益交 600 元、唐乃贵 300、唐力生 400 元，共7000 元。（详见湛江郊区财税史编写组编写的《粤桂边区革命根据地湛江郊区财税史综合材料》）

在雷州半岛沦陷之后，唐平、唐林、唐坚、唐太清、唐广春等28名进步青年还奔赴抗日前线，先后加入"雷州抗日大队""南路人民抗日解放军第一团"等抗日队伍。

四、抗战胜利后至新中国成立之前的东海岛

（一）国民党对东海岛人民的掠夺统治

1945 年，日本投降后，中国国民政府与法国法政府在重庆签订"中华民国国民政府与法国临时政府交接广州湾租借地条约"，广州湾租借地归还中国。广州湾改名为湛江市，由国民党政府接管。可国民党在接管湛江市期间，他们不仅捕杀东海岛共产党员和革命群众，还利用反动武装镇压岛上民众，再加上海盗冒充共产党在海面上收税，在陆地上抢劫、敲诈勒索、杀人放火，人民群众深受其害。而国民党

政府非但不闻不问，甚至狼狈为奸，祸国殃民。这激起了东海岛人民群众的强烈反抗。

（二）东海岛人民反抗国民党反动统治的革命斗争史

1. 东海岛人民反抗国民党反动统治的斗争

（1）武装进攻配合起义

1946 年 6 月，国民党反动派撕毁"双十"协定，发动反共内战，全国形势大变。1946 年冬，遂溪县恢复了武装斗争，建立了数百人的武装队伍。1947 年 3 月击毙遂溪县伪县长戴朝恩，雷州地区的革命形势大好。当时雷州地区党组织执行上级党的决定，在遂溪县放手发展武装力量，开展武装斗争，打击敌人，建立游击根据地。此时，中共南路特派员吴有恒同志指示：派部队打东海岛，发动武装起义，从而大造革命声势和扩大党的影响；同时打击敌人，威胁湛江市，迫使第二年回兵防守湛江，打乱敌人对游击区的扫荡计划，并发动群众，发展武装力量。于是遂溪人民在党组织的领导下，在 1947 年 5 月 30 日晚渡海攻打东海岛。

在行动之前，党组织已派陆锦纶和林宏发两位同志回东海岛做准备工作。我军抽调新一团第一连（连长唐林）和新二团第三连（连长黄鼎如）两个连，共约 160 人，由沈斌带领。这两个连队比较精干，是能够对付东海岛国民党的区中队和盐警队的。我军的队伍是 5 月 30 日晚 6 时在遂溪县南区集中，8 时抵达湛江市属的通明港，10 时从通明港乘船渡海，12 时到达东海岛。靠岸后，就转到西山村后面的坡地。在东海岛工作的陆锦纶、林宏发、沈粤民、黄成海、唐平、沈土声等同志已在那里等候，会合后立即开会，听取他们汇报情况后决定兵分两路，唐林负责攻打东山圩的伪区府和盐警队总部，黄鼎如负责攻打水流沟圩（民安镇）的盐警队和乡团。黄成海和沈时声所领导的抗征队，分别在两地配合部队作战。地方工作同志防守发动群众，组织武装队伍；并组织觉民中学的学生开展宣传工作，支援部队。

黄鼎如所带领的部队进水流沟圩后，主攻盐警队，用少量兵力进攻乡团。因乡团兵力不多，只有 10 多人，有内应（北逻村陈志通同志在那里当兵，是党组织派去的，他能控制乡团，已做好准备），我军部队

东海岛、
硇洲岛
历史研究
DONGHAIDAO、
NAOZHOUDAO
LISHI YANJIU

一到，一枪不响，敌人全部缴械。盐警队驻地是一间药材铺，两层楼房，是瓦顶。我军采取围攻战术，用轻机枪控制了大门，敌人出不来，再组织便衣队进攻。由沈时声同志带领便衣队爬上屋顶，打开瓦片，抛手榴弹，用驳壳枪扫射。我军的攻势迅猛，敌人无法应付，经过1个多小时的战斗，敌人全部投降，缴获轻机1挺，步枪30多支。战斗结束后，约上午8时，黄鼎如带领部队到达东山圩区，增加东山圩的力量。

唐林部队约4时进入东山圩，立即分为三路进攻，一是伪盐警队，驻在东山圩内；二是伪区府和区中队，驻在法国鬼住的旧营房；三是伪区长王巨相和中队长赵震东住的旧乡团，驻在觉民中学后面。主攻对象是盐警队、伪区府及伪区中队。盐警队驻在街内，是平房，没有什么防御工事。我军进行围攻，经数小时的激烈战斗，12时敌人投降，共缴获步枪40多支，物资一大批。盐警队投降，我们的战线缩短了，就集中力量围攻伪区中队及伪区长王巨相的驻地。伪区中队的驻地是法国人的旧营房，较坚固，加上周围是平地，不能突击，又不宜强攻，只能采取围攻的办法，将敌人困住。伪区长王巨相的驻地的情况也是一样，唐林部队不具备攻坚条件，只能围困。

唐林部队继续围攻两个据点，直至31日晚10时，国民党的援兵从湛江市西营开来，约100多人，从调文村上岸。这是线头部队，还会继续增援。估计当时国民党派到东海岛来的兵力，共有四五百人，还开一艘大轮船到牛牯湾海面，装有四五十名士兵企图截击我们。在此情况之下，我军组织撤退，当晚撤退到调军村。

国民党第一批援兵当夜进驻东山圩，第二天（6月1日）上午9时，就朝着民安圩的方向开来，企图追击我军。敌人刚到西坑村和调军村之间的坡地时，我军就从调军村开出，进行阻击，展开激战。此时，东海岛的群众手持镰刀、锄头，从四面八方涌来参战。经过3个多小时的激烈战斗，在我军的猛烈进攻和广大群众的助战下，敌人见势不佳，支持不了，就收兵撤走，龟缩回东山圩。此战毙敌数人，军士黄妃壮同志牺牲。

我军经过民安和东山之战，消灭了敌人，打了胜仗；又在西坑村之战击溃了国民党的正规军，群众兴高采烈，放声高呼：共产党胜利了，国民党垮台了，天下属于我们了。西坑村之战结束后，我军部队转移山头村时，群众成群结队前来慰问，杀猪慰劳，我军战士深受感动。

我军部队在山头村吃了晚饭后，向西行军，到达大熟村时已是下午6点。此时国民党第二批援兵已到东海岛，约有200多人，同第一批援军会合，从东山圩开出，向民安圩推进，沿途开枪扫射，打死了10多名无辜群众。敌军到达民安圩时，已是黄昏，因情况不明，不敢前进，就将兵力向南北散开，南至官僚，北至文亚村，形成"一"字网形，把我军压在民安圩以西的小块土地上，企图第二天消灭我军。在敌强我弱和地形狭窄的孤岛上，我军没有周旋余地，就决定连夜撤离东海岛。

我军部队从大熟村转移到临海村东边的坡地去，在那里做好撤退的各种准备工作。准备渡海的船只，是解决当时的主要困难。因情况急变，来不及准备船只，只得连夜派人奔走。深夜2时，沈土声同志在海坡村找到进步船民黄妃文，由黄妃文组织了3艘小船，但每艘只能载30人。由于船只不足，部队决定分批撤退，唐林连先走，黄鼎如连连夜转移到牛牯湾村去，再从牛牯湾村找船渡海。

由于敌人大扫荡，地方工作人员及大批群众也随着部队撤退。我军部队转到大熟村和临海村时，已有成千上万的群众撤到那里，要求随部队撤退。那3艘船刚靠岸，部队还没上船，群众已上满船。当时的情况非常复杂，时间又紧迫。在此情况下，要做好群众工作，说服群众，向群众讲明道理——让部队先撤退，保存武装力量，群众回到农村去，坚持斗争，胜利是属于我们的。我军决定地方工作人员不撤退，要同群众同生死、共患难，以身作则，带领群众回原地区，继续领导群众进行斗争。在地方工作的陆锦纶、黄成海、唐平等执行党的决定，冲破敌人封锁，把各村的群众带回原地区，我军部队按原定计划撤退。唐林连从那河渡口上船，早上6时到达沈塘大村海岸，再辗转到达遂溪南区，唐林连顺利完成了撤退任务。

黄鼎如连连夜从临海村向南转移，到了内林村，在该村组织渔船渡过牛牯湾村。因牛牯湾村是个孤岛，有百多米阔的海峡相隔，敌人不易发现，故他们于第二天夜晚找船渡海。他们避开停泊在牛牯湾村西边海面的国民党大轮船，向北渡海，从湛江市通平区起岸，安全回到遂溪南区。

这次攻打东海岛，并发动群众武装起义，经过两天两夜的艰苦战斗，顺利完成了任务，战果辉煌。第一，消灭了敌人，壮大了自己。东海岛之战，共缴获轻机枪两挺、步枪100多支，还组织一个连编入十二团，我军的武装队伍扩大了。第二，东海岛是湛江市郊区。我军攻打东海岛，震动较大，严重威胁敌人，迫使敌人抽调约400名兵力来到东海岛，企图追歼我们，结果扑空。东海之战，我军军威大震，大造革命声势，同时牵制了敌人，有利于其他地区的武装斗争。第三，发动群众武装起义，把东海岛的群众动员起来，拿起武器，同我军的主力部队共同战斗，大集合歼灭敌人。在实际斗争中，广大群众得到教育和锻炼，对共产党的认识加深了，对革命的信心加强了，为东海岛坚持武装斗争打好了坚实的基础。第四，东海岛是个孤岛，面积不大，又是平原地区，如何坚持武装斗争，我军是缺乏经验的。但通过这次的战斗，对开展海岛的游击战争，我军摸索了经验，找到了方法，也加强了坚持海岛游击战的信心。

（2）加强领导开展斗争

东海岛武装起义后，其形势大变，由秘密合法的斗争形式转为较公开的武装斗争。伪区长王巨相逃跑，原伪区中队长赵震东接任区长，唐逸才任副区长。赵震东是东海岛中社东坡村人，抗日战争时期在徐闻县国民党部队当兵，任过排长。王巨相任东海岛伪区长时，东海岛分为两个行政区，除东山区外，又设东简区，叶乃田任东简区伪区长，陈谦为副区长。民安区归属东山区，赵震东任东山区伪区长后，积极反共反人民，经常围剿革命村庄、逮捕无辜群众，进行勒索，并杀害了不少革命同志，如文丹村尤世仕，官僚村林有明、林益盛，北山村王长有及开明绅士沈德辉等。当时东海岛的斗争是非常激烈的。我军根据当时的情况和对东海岛的斗争方针，在东海岛战斗胜利后，就抽调和调整干部，加强党的领导，开展斗争，以打击敌人。

【中共东海特区委员会成立】

1947年7月成立中共东海特区委员会，由王玉颜、陈志群、陆锦纶、沈兆炎4人组成。中共东海特区作出如下决定：第一，动员群众热烈参军，支援武装斗争。第二，普遍开展反三征斗争，放手发动群众抗丁、抗粮、抗税。第三，在农村开展减租减息运动，打击农村高利贷者，减轻农民的负担，从而发动和组织农民群众，发展生产。第四，各村成立农会，通过农会把广大农民组织起来，为自身的解放而进行斗争，使农会成为革命的中坚力量。第五，建立武装队伍，开展武装斗争。首先建立武工队、征粮队，以保卫自己和保护群众；并选择有利地点建立固定税站和流动税站，建立海上缉私队，加强税收工作。根据以上5项工作任务，区委成员分工，民安片（旧称下社）由王玉颜、陈志群、沈兆炎3位同志负责。王玉颜负责民运和抓组织农会工作，陈志群着重抓武装，沈兆炎着重抓党务。陆锦纶负责领导东山和东简两个片。当时东海岛的工作，基本上围绕上述五个任务去进行。

陆锦纶负责领导的东山和东简两个片，旧时称为中社和上社。在中社分为三片领导，黄球负责十二昌片，唐平负责调文片，杨甫昌负责东坡、调市、什石村一带。东简片的工作由许锦理、许琼负责，仍属陆锦纶领导。后派许义昌、许绍昌到硇洲岛去开展工作，开辟新区，使革命之火蔓延到硇洲岛。至1948年下半年，将东海特区改为东硇特区，此时陈志群和陆锦纶已调离东海，唐克敏任东硇特区书记。

东海岛武装起义后，国民党陷于瘫痪，已无法统治东海岛了。在此混乱情况下，在未成立东海区人民政府之前，首先建立了农会，把农民组织起来，自己管理自己。在我们党的发动和号召之下，东海岛许多村庄的基本群众都积极报名参加农会，民安地区（下社）几乎每村都有成立农会组织。为了更好地领导农会工作，发挥农会组织的作用，就成立了东海区总农会，由王玉颜任总会长，统一领导全地区的农会工作。农会成立之后所起的作用很大，负责维持社会秩序和社会治安，并处理民事纠纷等事宜。我们部队筹粮和兴办公益事业等，都是由农会负责的。当时的农会，已起到了政权的作用。到了1947年冬，在农会的基础上，成立了东海区人民政府，王玉颜任区长，陆春雨任副区长，亦普遍成立乡村政权。从此之后，东海区人民政府成为东海岛人民所拥护的唯一政府。

【开展反三征斗争】

日寇投降后的1946年6月，国民党反动派挑起内战，我国进入解

东海岛、
硇洲岛
历史研究

DONGHAIDAO、
NAOZHOUDAO
LISHI YANJIU

放战争的新历史阶段。国民党反动派为了打内战，在全国各地加紧征丁、征粮、征税，一时间群情愤怒，怨声载道。当时中共华南分局指示，华南各地开展反三征斗争，放手发动群众，进行抗丁、抗粮、抗税，把反三征斗争和武装斗争结合起来，互相配合，互相促进，革命形势大好，形成了轰轰烈烈的武装斗争的革命新局面。1947年下半年，东海岛的情况同其他地区一样，国民党的横征暴敛激起了群众的不满，群众要求抵抗。所以中共东海特区委员会成立后，就决定在东海岛开展反三征斗争，领导群众进行抗丁、抗粮、抗税，打击敌人，保护群众利益，从而更深入地发动群众。

东海岛开展反三征斗争，是同武装斗争结合起来的。首先，是武装进攻和发动群众的武装起义使东海孤岛上建立了人民武装，我军的军威大震。人民力量的强大使东海岛国民党的区中队陷于汪洋大海的包围之中，不敢轻举妄动。再加上我们组织了各种形式的武装队伍，打击和威胁敌人，配合广大群众的反三征斗争，所以群众抗丁、抗粮、抗税，国民党的区中队不敢下乡追缴，也不敢抓人。群众的反三征行动是得到我军部队的支持和保护的。通过反三征斗争，群众的斗争情绪很高，斗争的信心加强了，我军部队也有了坚强的群众基础。

开展反三征斗争，应同搞两面政权结合起来。国民党政府在东海区进行三征，也必须通过各村的保甲长区去进行，尤其是保长更为重要。所以各村的保甲长的政治态度如何，是革命的或是反革命的，在反三征斗争中起了很大的作用。因此我军开展反三征斗争时，就抓紧搞两面政权，把国民党的保甲长争取过来，成为我军的力量，在反三征斗争中共同行动。

所谓两面政权，就是国民党建立区、乡保、甲政权时，我党采取针锋相对的斗争，派共产党员或进步人士打入国民党的各级政权区，担任区乡长或保甲长；也可把国民党各级政权中的中间人物争取过来，站在我党的这边，为革命工作。这种政权，在表面上是国民党的，挂着国民党的招牌，实际上为共产党所控制，当时我们称这种政权为"两面政权"，也叫作"白皮红心"政权，皮是白的，心是红的。东海岛也搞两面政权，派共产党员当国民党的保长，如东坡村的杨甫昌、调逻村的谢元旺、西山村的沈土声、迈林坡的沈时文等，都是党组织委派的。东山和民安两个区的保甲长，绝大部分由靠拢我们的进步群众担任，他们在反三征斗争中，同广大群众一起，采取拖欠或坚决抵抗等形式进行斗争。

在这种情况下，国民党区政府要在东海岛征丁、征粮、征税，是无法进行的，他们的反动统治难以维持，摇摇欲坠。

2. 西山村人民反抗国民党反动统治的斗争

抗日战争胜利后，国民党接收湛江，派邓龙光两个师开到南路，企图消灭共产党及其领导下的人民军队。在新的情况下，我党南路部队化整为零，主力第一团西征十万大山开辟新区，其余部队分成小股坚持斗争。西山村革命群众在党支部的领导下，作出了不少贡献。

1945 年冬，南路革命处境极其困难，有些部队和地方工作同志转移到西山村。当时西山村党支部书记接受上级交给的两个任务，一是掩护外来地方工作同志，保证他们的安全；二是解决外来同志的生活困难。党支部采取如下措施：组织党员和积极分子，把外来同志分散安置在自己家里；发动群众捐粮、捐款解决他们的生活困难；组织游击中队，以护乡为名，进行巡逻放哨；白天由妇女、少年儿童到村外几里的地方以割草的方式进行放哨，监视水流沟保安队的动静；晚上由游击中队负责放哨，全村设两道岗哨，如发现敌情，立即燃烧鞭炮报警；为掌握敌情，派人打入一些政权任保、甲长，搞两面政权。

1947 年，革命形势好转，武装斗争有了发展，上级决定在东海岛搞武装起义，以扩大武装力量。农历四月十二日，由沈斌同志率领两个连共 100 多人，夜间乘船抵达东海岛，攻打敌东海区府及盐警队，发动群众开展武装斗争。西山党支部接到上级指示后，立即召开党员会议、游击小组会议，研究如何迎接部队及配合武装起义。党支部立即发动群众，筹集粮食支援部队；同时集中全部枪支弹药及全体武装游击中队队员，配合战斗，沈兆海、沈时星、沈怀碧和北逻村陈志通参加"敢死队"。攻打水流沟保安队和盐警队时，陈志通做内应。战斗开始前，陈志通已秘密把保安队所有枪支的撞针拆掉；战斗打响后，敌中队长企图抵抗，陈志通将他生俘，其余敌军全部投降；盐警队的几十名敌兵龟缩在药材店里企图蒙混过关,沈时星和沈怀碧两个敢死队员从屋顶摔进手榴弹,经过一阵激烈的战斗,敌人也很快投降了。这次战斗只历时1个多钟头,我军俘敌40多人,缴获长短枪30多支、轻机枪1挺。接着,我军又派人到那河墟收缴商团一个排的长、短枪10多支。在整个战斗的过程中,西山村的党员和武装中队除大部分人参战外,一部分人接送伤员,许多群众送饭、送水、送慰劳品;整个东海武装暴动结束后,西山党支部为了我部队顺利撤退,派了多人到海坡、内林等村组织船只,并参加接送工作,最终部队安全转移到遂溪游击区。

部队转移后,敌人对西三村实行"三光"政策,国民党自卫大队和敌军于农历四月十六日对西山村进行大扫荡。在三天的扫荡中,西三村被烧杀抢掠,损失惨重。敌人的暴行激起广大群众的愤怒,党支部决定领导群众进行反扫荡斗争。事后,党支部组织群众回村恢复生产、安排生活。

为了更好地团结广大群众、更好地领导群众开展对敌斗争,在"一切权力归农会"的号召下,成立了西山村农会,沈土星被选为农会会长(兼管账目),沈时昌管理财物。农会成立后,立即带领群众开展"二五"减租和退租退押运动。各村祠堂庙宇的土地一律归农会安排给群众耕种,这叫作"调耕";同时取消原有乡团,武装归农会。在农会的带领下,村里组织了帮工队,帮助军烈属和缺少劳力的贫苦农民耕种。农会成立后,为群众办事,替群众说话,广大农民团结在党的周围,生产力得到进一步解放。不久,妇女会也成立起来了,主任为王梅珠,副主任为唐芳。儿童团也相继建立,团长为沈时学。从此,西山村这个革命根据地更加团结巩固。

1947年4月,由于革命的需要,中共遂溪中心县委决定在西山村公开建立东海交通总站,站长为沈强,交通员有沈怀仁、沈树保、刘那仁、沈那俊、沈尚才、林太佑、沈时诚等。这个站负责东海岛各革命村庄与雷州地区各站的联络工作,各联络员克服了不少艰难和险阻,顺利完成了一项又一项光荣的任务。

有一次,粤桂边区人民解放军第二支队司令员支仁山同志要从西山到赤坎参加紧急会议,负责海上运送工作的是老艄公沈应记同志,沿途要经过西营和沙湾两个港口，这两个港口都是敌人的封锁区。当船到西营港口时，发现了敌人的巡逻艇，年过花甲的老艄公有丰富的经验，伪装抛锚上岸，待天黑后才再扬帆。到沙湾港又遇上敌艇，他再次机智地避过。由于沈应记同志机智勇敢，最终顺利地完成了护送首长的光荣任务。

由于西山村坚持武装斗争，群众基础又好，能坚持长时间进行巡逻放哨，便成了安全的地区。南路党和部队的领导机关，先后转移到西山村；中共粤桂边区党委及雷州地区党委也在西山村召开过多次重要会议；全边区领导干部整风学习班也在西山村举办。1947年11月，黄其江同志从山东老解放区回来南路，在西山村召集雷州半岛的领导干部革命斗争经验总结会，参加会议的有沈汉英、沈斌、李晓农、陈兆荣、陈醒吾、殷杰等高级干部；1948年4月，中共中央香港分局为加强对粤桂边区革命战争的领导，派梁广同志担任粤桂边区党委书记，党委的成立大会就在西山村召开；党委的领导机关也设在西山村。从此，边区党委的各种重要会议都在西三村召开。

为了保卫领导机关的安全，做好各项服务工作，党支部主要承担的重任有：组织全体党员、农会干部、交通站和游击队员，日夜巡逻放哨；做好党委的领导机关、电台、报社、医务所、各首长的驻地、各村庄的路口、各主要渡口等地的安保工作；做好各地领导干部来往西山的护送工作。

西山村为了做好保卫工作，出现不少感人的事迹。西山村离流水沟保安队只有3里，离国民党东海区中队老巢东山圩也只有7千米。为了确保领导机关的安全，西山村党支部带领群众认真做好保卫工作，设三道岗哨监视敌人的动向，以烧烟为报警讯号。陈那春（女）负责隐蔽在海上做联络工作：有一次天未亮，敌人的便衣从海边绕路进村，把陈那春抓了起来，隐蔽在海上的同志们纷纷离船返村的危急关头，沈益聪的父亲沈时昌发现了敌情，冒着生命危险在村外烧起烟火报警，才化险为夷。又有一天傍晚，敌方保安中队长王××突然带领20多名敌兵闯进西山村。当时沈斌等几位领导同志正在农会看雷歌剧，农会干部见形势不妙，组织群众伪装打架冲散戏场，秘密掩护几位首长离开。党支部为

东海岛、
硇洲岛
历史研究
DONGHAIDAO、
NAOZHOUDAO
LISHI YANJIU

了应付意外情况，随时做好海上的撤退与转移工作——组织船只，日夜有船工接应，一发现敌情，可以立即转移。

1949年10月15日，国民党第六十二军警卫营起义，俘敌400多人及其家属，敌方第五三师师长罗懋勋的妻子也被俘，其中不少人物是重点防范对象；还有一大批物资、枪支弹药必须转移。根据上级指示，既要安排好他们的生活，又要监护好他们。党支部把这些人安排到各户农民家里吃住，并组织游击小组加强巡逻放哨，同时又联系其他村庄支持和配合，最后顺利地完成了人员和物资的转移任务。

（三）反抗地主，减租减息，分耕废债

1947年秋，东海岛成立农会组织，同时开展减租减息运动。

东海岛的土地不多，但绝大部分集中在祠堂和地主的手中，地租较高。农民租一块地耕种，收成之后要把一半或大半粮食用来交租，如收成不好，除交纳地租外，所得无几。高利贷者对农民的剥削也很厉害。在每年青黄不接的时候，地主借给农民一担谷子，到收成时要还一担五至一担八斗，利率约为50%—80%，甚至有时高达100%。东海岛高利贷的形式很多，有放谷花的，有放花生花的，也有借贷现款的。农民受剥削很重，叫苦连天。当时开展减租减息斗争，是符合广大农民群众的利益和要求的。

开展减租减息运动是在村农会领导下进行的，既放手发动群众，还有武装工作队撑腰。由于缺乏经验，我党先在革命基础较好的村庄开展减租减息运动，如下社的西山村，龙舍村和山内村、三盆村等。这些村庄有党支部或党小组，有较好的群众基础。在部分村庄取得胜利后，逐步推广。村农会充分发动群众进行高利贷登记和高地租剥削登记，之后召开群众大会时跟高利贷者及地主面对面清算。对高利贷按当地正常利率5%计算，超过者就勒令清退、立即兑现，否则，作为非法行为给予坚决制裁。对地主高地租剥削，要求按25%减租，应退的立即兑现，否则，以抗拒论处，严厉制裁。当时，在大熟村清算地主沈××时，他不肯将多收的地租退回给农民。群情激愤之下，武工队立即将沈××捆绑起来，并带领群众到沈××的家里去，从他的谷仓里将应退的稻谷取出，如数交给农民，这就大长了农民群众的志气，大灭了地主的威风，

群众拍掌称快！

当时还进行分耕废债，即将各村祠堂的公田拿来分耕，分给缺地的农民耕种，按最低税率交租；并清理债务，就是农民向地主借贷所付年息已超过借贷数目的废除，叫废债。分耕废债是在革命基础较好的西山村进行的，其效果很好。

在东海岛开展减租减息运动在政治上的影响很大，农民群众得益，且有利于生产，我们党在群众中的威信大大提高了。

五、新中国成立后东海岛的发展变化

（一）东海三镇（东简、东山、民安）新面貌

1. 东简镇

东简镇，位于东海岛东部，湛江市麻章区辖镇。1950 年属东硇特区，同年属湛江市东海区，1952 年划入雷东县，1958 年撤县并入郊区后与东山、民安合为东海公社，1959 年创建东简公社，1983 年改区，1987 年撤区建镇。

全镇面积 128.3 平方千米，人口约 4.3 万。辖蔚律、龙水、东南、青南、东简、庵里、龙腾 7 个村委会。它是全区的主要林产区，盐业生产久负盛名。农业主产水稻、甘蔗、花生、香蕉，养殖业以培育虾苗、珍珠为主。省级旅游区"龙海天"在其东端。

2. 民安镇

民安镇，位于东海岛西端，湛江市麻章区辖镇。1950 年属东硇特区，同年改属湛江市东海区，1952 年划入雷东县，1958 年撤县并入郊区后与东山、东简合为东海公社，1959 年创建民安公社，1983 年改区，1987 年撤区建镇。

全镇面积 137.8 平方千米，人口 4.7 万。辖调旧、龙湾、中和、西湾、民安、文西、新巡等 8 个村委会。盛产粮食、甘蔗、蔬菜，水产品有灶蟹、膏蟹、章鱼、墨鱼、对虾、沙虾、沙虫等，其中民安灶蟹远近闻名。乡镇企业有渔网厂、编织袋厂、爆竹厂及盐场、林场等。

3. 东山镇

东山镇，位于东海岛中心，是湛江市经济技术开发区管委会所在地，也是试验区经济、政治、文化和商贸中心镇，地理位置优越。明洪武和正统年间，曾在东山圩建筑城池。该地曾被法国、日本占领，1945年回归祖国的怀抱。2009年，管辖面积进入国家级经济技术开发区前列水平。除此之外，东山镇属于历史文化古镇，风光旖旎，文化浓郁，海岛风情独特纯粹，文化旅游资源丰富。

目前，随着经济的发展，东山镇也在不断响应国家政策的号召，正在加强对外招商引资的力度和文化软环境的建设。近几年来，该镇强化发展服务意识，始终坚持实施兴工强镇富民战略，抢抓机遇，加速经济发展的步伐，着力招商引资，积极发展外资企业和民营经济，发展了家电制造、水产加工、废铜回收、藤制工艺品加工等工业项目。全镇有外资企业欧艺美家电有限公司、天恒阳光有色金属加工厂、东洋水产品加工有限公司和 XX 藤制工艺品加工厂等 6 家企业，其中，天恒阳光有色金属加工厂利用废铜可回收利用加工生产，使该镇工业总产值突破10 亿元大关，极大地推动东海岛试验区工业经济的发展。当前城镇建设已具一定规模，医疗、教育、文化、娱乐设施逐步完善齐全。

（二）东海岛跨海大桥建立

东海岛跨海大桥是湛江继海湾大桥之后又一重大跨海桥梁公路工程，包括东海岛跨海大桥在内的广东海大路口至蔚律港公路工程，连接已建成通车的湛江疏港公路、渝湛高速公路，与国道 325 线、207 线和省道 373 线、374 线相连，共同构成环绕湛江市区、湛江港区和东海岛钢铁基地的现代化公路网络。广东海大路口至蔚律港疏港公路建设工程路线全长 24.2 千米，其中东海大桥长 4300 米，全线采用一级公路技术标准，设计时速为 100 千米。公路岛内部分按六车道设计，跨海大桥和岛外部分按八车道设计。工程分近、远期实施，实施岛外岛内公路六车道，路基宽 33.5 米，跨海大桥实施半幅四车道，桥宽 20.25 米。通过设计和交通组织，大堤路面二车道和半幅桥面四车道组成六车道通行。

（三）宝钢湛江钢铁基地的发展

宝钢湛江钢铁基地位于湛江市东海岛，厂区占地面积12.58 平方千

34

米。它按照国家钢铁产业发展政策要求，结合宝钢重组广钢、韶钢的国家重大建设项目，是广东省淘汰1700万吨落后钢铁产能，实行广钢环保搬迁，在湛江新建的1000万吨级钢铁基地。

该项目建设规模为：年产铁水823万吨、钢水892.8万吨、钢材944万吨（含1550毫米冷轧），主要品种包括热轧板、热轧酸洗板、冷轧薄板、热镀锌板、电工钢及宽厚板等，同时具备热轧超高强钢生产能力。项目以华南地区为目标市场并辐射东南亚，满足目标市场中高端碳钢板材产品需求。

2008年3月，该项目获国家发改委批准开展前期工作；同年底项目分别列入了国家《珠江三角洲地区改革发展规划纲要（2008—2020）》《钢铁产业调整和振兴规划》。截至2010年底，征地拆迁工作基本完成，场地平整及围堰吹填工程已累计完成土方挖填3682万立方米，重件码头基本完工，砂石码头、自备电厂和后勤服务中心正在施工建设。它于2012年5月24日经国家发改委核准，并于2012年5月31日正式开工。

宝钢湛江钢铁基地项目建设符合国家钢铁产业发展政策要求，符合国务院振兴钢铁工业发展规划，也符合国务院批准的珠三角2020年发展规划纲要。项目建设将有利于全国钢铁结构调整和淘汰落后，提高钢铁行业整体竞争力，满足珠三角地区产业结构调整对钢铁产品的需求，同时也可发挥大型项目对广东粤西地区经济的拉动作用，推动钢铁产业上下游产业链的延伸，促进粤西地区经济协调发展。

（四）中科合资广东炼化一体化项目落户

1. 项目概况

中科合资广东炼化一体化项目是目前国内最大的合资炼化项目，由中国石油化工股份有限公司与科威特国家石油有限公司按股比50∶50合资建设。项目选址湛江经济技术开发区东海岛新区，总用地面积约12.26平方千米，其中首期用地6.33平方千米；首期总投资约90亿美元，规划炼油1500万吨／年，生产乙烯100万吨／年，配套建设湛江港东海岛港区30万吨级原油码头。该项目将实施循环经济模式，采用国际和国内先进的生产工艺和污染控制技术，并严格按照国际最先进的环保标准进行设计和管理，把该项目建设成为中国石化工业的标志性、示范性工程，打造成为国家级循环经济示范区。

2. 项目进展情况

2009 年 8 月 10 日，中国石油化工集团公司宣布中科合资广东炼化一体化项目选址湛江东海岛。

2009 年 10 月 26 日，湛江市人民政府、中国石油化工集团公司、科威特石油公司在广州签署中科炼化项目谅解备忘录，宣布中科炼化项目定址湛江东海岛，这显示了各方加快推进该项目建设的共同意愿，标志着各方合作进入新的阶段。

2010 年 5 月 13 日，中科炼化项目获得国家发改委开出"路条"，同意该项目从广州南沙迁址湛江东海岛建设。

2010 年 9 月 13 日，中科炼化项目环评报告获得环保部审批通过。

2010 年 9 月 21 日，中科炼化项目用海获得国家海洋局顺利通过，同意项目用海 510 公顷（1 平方千米 =100 公顷），其中填海 283 公顷。

2010 年 9 月 30 日，中科炼化项目用地预审获得国土资源部审查通过，同意项目用地 633 公顷。

2010 年 11 月 21 日，中科炼化项目节能减排审查获得国家发改委通过。

2011 年 3 月 4 日，中科炼化项目正式获得国家发改委核准。

六、东海岛重要历史人物研究

（一）雍正举人何茂荷

何茂荷，生卒年不详，湛江市东海岛民安镇何屋井村人，清雍正己酉科（1729 年）举人。

何茂荷一生不官，热心教育。他曾主讲东山社学（东海书院），培养了不少人才，对东海岛文化的普及和提高作出较大贡献。《遂溪县志》肯定他"尤宏奖后学"，指出"东海学者自乡荐以下着皆其门下"。对此，后人在东山社学刻碑予以纪念。

（二）乾隆举人王锡匾

王锡匾，生卒年不详，湛江市东海岛东山镇北山村人，清乾隆辛酉科（1741年）举人。

锡匾生性正义豪迈，敢于为民请命。当他还是秀才时，发现商人勾结盐课司（盐税机关）官吏垄断食盐，巧取豪夺、盘剥盐户，便即时上书县、府及省恒长官，为家乡百姓争取到完税之后，食盐由盐户自由买卖的权益，使盐户收入有所增加，生活得以改善。

（三）乾隆举人李实发

李实发，生卒年不详，字收圃，号长亭，东海岛东简镇人，清乾隆癸酉科（1753年）举人。

李实发中举后，主讲遂良书院，训导学生，强调德文并重。辛巳1761年，随老师王锡匾赴春闱进士不中。归途中，老师染病。李实发花光钱财、卖掉衣物，为老师求医买药，亲自煮药、喂服。老师病故时，李实发已身无分文，便跪求长生店老板施舍棺材一口，将老师尸体运归本籍安葬。李实发后任顺德县学教谕，不久升任廉州府教授，86岁病逝。

（四）"广东才子"陈乔森

陈乔森（1833—1905年），原名桂林，字一山，号逸山、颐山、木公，擎雷山人，东海岛东及村人。同治初年（1862年）随父亲迁来雷城东门外定居。清咸丰十一年（1861年）中试举人，曾官任户部主事，诰封中宪大夫（正四品），善诗画、擅长书法，是清末广东著名书画家，被称为"广东才子"。

陈乔森少年聪颖卓异，但家庭贫穷，没钱读书，只好在书院门外偷听，默记于心。咸丰十三年（1853年），吴川县钦点翰林院庶常陈丽秋荣归故里，见乔森颖敏有夙慧，未曾入学却能背诵诗文，便资助他入学读书。咸丰十年（1860年），陈乔森被选为拔贡，第二年参加乡试中举人，因而改名为陈乔森。

乔森天资高朗，广交天下豪杰，他多次赴京应试不中，却能结交当时许多名人为友，同治癸亥科探花张之洞、宜都杨守敬、户部员外郎文昌潘存与他是至交。同治四年潘存出面为他捐一个户部主事，但因不适合其性格而辞。湘军名将彭玉麟曾将他推荐给曾国藩，曾拟招致幕下不就。张之洞多次挽留也不成。他曾几次与友人畅游祖国大川名山，访故交、豪客。年久头白,看破红尘,终遂颐志林泉。回雷州后,在雷城东门外建一座名叫"亭榕坨"的别墅。他主讲雷阳书院30年,其间曾担任省博学馆总教习、学海堂总教长,育出弟子数千人。光绪三十一年(1905年)病逝于家,享年72岁。

乔森虽官爵不显,可他的名望很高,影响很远,在羊城或京城都被誉为"岭南才子",当时许多重臣、名人都给予他很高的评价。他知识渊博,著作甚丰,留世有《海客诗文杂存》五卷和《亭榕坨诗钞》一书。他多才多艺,擅长绘画,代表作有《湖塘村居》《玉河秋泛图》《猪归纵饮图》。他书法造诣很高,雷州许多亭台楼阁都留有他的墨迹。

(五)郑开均

郑开均同志别名志杰,学名郑其成,又名郑文,1920年出生在湛江市郊区东海岛东山圩。其父郑朝生在圩上行医,开设仁寿堂药材铺。郑开均8岁就读于东海小学(后改为觉民小学),15岁到原遂溪村金桥南强中学就读,1939年7月考入雷州师范,同年12月加入中国共产党。1944年他不幸被捕,受尽酷刑,最后壮烈牺牲,年仅24岁。

1.为革命无私奉献

郑开均同志为人刚直,作风正派,艰苦朴素,好学向上,满怀着炽热的爱国热情和对革命无私奉献精神。他爱憎分明,疾恶如仇,对革命同志视若亲人。由于他在学期间思想进步,赢得革命同志的信赖,唐多慧、庄梅寿、黄轩等同志曾在他屋后的小楼上开过会,商讨革命工作。他的思想在革命同志的熏陶下,进步更快。他虽有优越的家庭条件,但自己对生活克勤克俭,每次回家路过西营(霞山)要吃饭时,不上酒楼茶馆,而是到熟食摊吃些最低廉的饭菜。有一次,他的邻居看见他在熟食摊吃饭时,感到吃惊,不禁叹道:"这个郑开均,俭朴得令人难以置信。"可是他对革命的奉献,却无半点私心。他每次回家后归队,都从家里带了许多银子和贵重药品送交革命队伍。特别是在1942年,组织上要筹枪、筹粮建军时,他回家向父亲谎称要合股经商,挖出了藏在地下的两大缸大洋,分装在以稻谷伪装的麻袋里,叫来邻居青少年许锦理和庄东来利用夜间帮挑到东山圩的石神坡村边。他俩感到这些"谷"有异,便问开均这些"谷"因何这么重,开均说:"好谷就重嘛。"郑开均再三嘱咐他们，如遇到有人问起，要一口咬定是谷。他俩花了五个晚上才把"谷"送完。1944年许锦理参加革命，开均在赤坎遇到许锦理，谈起过去让他挑往石神坡的"谷"都是大洋时，锦理才恍然大悟。郑开均为党组织筹枪、筹粮建军，先后共献出4000多大洋。

2. 参加雷师学潮

1939年郑开均改名郑其成，考入雷州师范（当时原校址因被日机炸毁迁今属市郊太平镇芦山村），其时中共遂溪工委派王文劭到学校开展学生爱国运动，培养抗日青年骨干，发展党组织。开均思想进步，积极参加抗日救亡工作，于同年12月加入中国共产党。是后，他和校内党员陈海、周德安、陈元清、唐庆时等经常阅览进步书报，寻求革命真理，积极参加抗日宣传，奔赴各村圩镇上演抗日歌剧，唱救亡新歌，出墙报。1941年初"皖南事变"后，郑开均与校内党员金耀烈、翁泽民、陈理祥等，利用读书会组织同学揭露国民党反动派假抗日、真反共的阴谋。

当时雷师校长邓时乐是个反共鹰犬，顽固推行国民党的反动教育，疯狂污蔑、攻击共产党。他对师生生活，不但毫不关心，反而千方百计拖欠、克扣教职员工工资和学生生活津贴，师生怨声载道。1941年10月，校党支部组织同学公演抗日歌剧，邓时乐竟拒绝供应剧场的灯光，公开阻挠抗日救亡活动，又一次激起了全校师生的义愤，掀起了全校罢课的学潮。学生代表梁和、全国明、郑开均、周德安等与邓时乐进行辩论，历数他的种种劣迹，使他的反动面目暴露无遗。邓时乐恼羞成怒，于11月间带领国民党兵300余人包围雷师，捕捉党员干部梁和、全国明，教师李昭伟及学生等10人。学校党支部为此立即成立学潮领导小组，由郑开均和周德安、李俊儒、陈元清、徐燕吉等人组成。为了加强学潮的领导，上级还派了庄梅寿同志到校。学校党支部组织领导学生继续罢课，发动捐款慰问和营救被捕师生，印发"快邮代电"，揭露邓时乐一伙的罪行，争取社会各界人士的支持。为了夺取学潮的胜利，郑开均积极收集情况并向上级汇报，加强联络。他辗转奔忙于各村圩，废寝忘食。由于学校党组织的积极领导，学生进行了激烈的斗争。在社会舆论的压力和各界人士的支持下，省教育厅逼于无奈，只好将劣迹昭彰的

东海岛、
硇洲岛

历史研究

DONGHAIDAO、
NAOZHOUDAO
LISHI YANJIU

邓时乐校长撤职，答应了学生一部分合理的要求，释放了被捕党员干部和学生，罢课斗争取得了胜利。

3. 为筹粮建军四处奔忙

1943 年 2 月，日军占领雷州半岛，汉奸伪军横行猖狂。为了打击日伪汉奸的气焰，中共遂溪县委在南区卜巢村召开首次建军会议，会上决定成立卜巢山抗日游击中队，以黄其炜炜中队长、陈同德为指导员。郑开均和陈海、周德安参加了这次会议，奉命筹粮、筹款、筹枪支支援建军。接受命令后，开均夜以继日奔走在南区各村，还以经商为名，在遂南区的卜巢后溪、坡头桥等 10 多个村庄开展活动。

1943 年 5 月，遂溪洋青区抗日武装缉得奸商杨树吾的走私烟叶 6000 多斤，决定由陈海、郑开均、周德安、周子经护运往赤坎我党经营的裕利行商店出售。烟叶运到寇竹渡新圩装车时，因新圩租界公局长许让泉事先得了密报，派兵扣留烟叶和护送人员。他们几个被追捕时机智地与"局兵"周旋，让带有手枪的周子经脱险，而郑开均、陈海、周德安不幸被捕，被扣押了三日三夜。他们在牢中坚定沉着，互相鼓励，严守秘密。伪公局长认为他们只是抢劫烟叶的匪徒，但他们一致申辩，讲明了购买的来龙去脉，伪公局长无可奈何。后经遂溪县委和太平、新圩的党内同志通过开明人士和一些商家的营救，他们三人才得释放。1943 年 5 月，遂溪县委为加强卜巢村庄烦人战斗力，派郑开均到苏二村，以育才小学校长身份开展活动。通过党员黄耀春、黄乔英等同志了解情况后，组织在苏二村建立了党支部，开均任书记，并作了工作部署：一是迅速建立联络站，搜集、转送情报，护送来往同志；二是发动群众，以实际行动抗日保乡，落实为我党我军筹粮、筹钱、筹武器弹药；三是从速建立抗日游击小组，坚持巡逻放哨等活动。游击小组很快成为卜巢游击中队一个排，排长黄乔英。6 月间，卜巢中队根据革命形势的需要，整编队伍，把外围各排枪支集中到中队。当时苏二村上交的步枪有 20 多杆，并选派了队员参加卜巢中队。

1943 年，日伪扫荡卜巢山，在敌强我弱情况下，部队由黄其炜带队撤退到苏二村后山林，陈同德、支仁山、黄福仔三人来不及撤退，失去了联系。他们三人来到苏二小学找到郑开均、黄耀春带路，才找到了队伍。郑、黄二人还送了干粮给队员充饥。

是时，卜巢中队粮食困难，中队指导员陈同德派队员黄福仔到苏二村，找到郑开均和黄耀春同志，要求设法解决燃眉之急。两人商量后决定向民愤最大、剥削百姓最多的一个大财主黄××要钱、要粮，以使中队渡过难关，并将行动计划汇报了中队。翌日，中队派出邹建理、黄福仔、杨伟昌等同志，化装成"王英儒联络队"直抵苏二村黄某家中，见到黄某，当面提出："联络队要你交付一笔钱应用。"黄闻不敢违抗，说："是，王英儒联络队。"他乖乖地拿出了"储备券"7000多元，使卜巢中队得以购买了稻谷80石，解决了队伍一时的粮食困难问题。

4. 为革命不怕流血牺牲

1943年12月，郑开均调往遂南区城月西部负责一个"片"的工作。临走前，遂溪县党委负责人支仁山向他交代任务，并着重指出："城月西一带，敌伪势力猖狂，比苏二村要艰险得多，要加倍小心。"开均听后，镇定自若，毫不犹豫地奔赴坡头桥。抵达后，他以坡头桥为基点，伸展到后溪、实荣、石塘、虾沟、排承、外家等十几条村庄，开展革命活动。他在坡头桥公开的身份是校长，在党内接任了支部书记。他白天上课，晚上深入到各村，发动和组织群众，在这一带村庄发展了一批党员，建立了许多游击小组、自卫队，还相继在各村成立了联络站、农会等。

1944年5月，反动奸商杨柑圩走私布匹、蚊帐等一批商品，坡头桥游击小组获知后，党支部决定由陈耀南同志带领游击队员20多人到坡头桥村后埋伏，夺取这批私货供应我武装起义队伍。货物到手后，敌方密探察觉，报告国民党下担乡公所。是日晚10时，陈耀南接到中队指导员陈同德紧急通知，要立即进山，他临走前对开均说："夺取私货目标已暴露，敌人不会死心，今晚一定要加强放哨防备。"是夜，大雨倾盆，哨兵防松警惕，退回学校和家里。凌晨4点钟过后，下担乡反动乡长杨起德出动兵丁数十人"围剿"坡头桥，拼死冲入校内。由于当时我们人少枪缺，狂敌夜袭，猝不及防，郑开均与3名队员不幸被捕。陈耀南闻讯急报上级营救，通过当地绅商保释了3名队员，而开均同志却被扣押不放。刽子手杨起德叫嚣："郑开均是共产党员，不准保释！"

东海岛、
硇洲岛
历史研究

DONGHAIDAO、
NAOZHOUDAO
LISHI YANJIU

郑开均身陷囹圄后，泰然自若，坚贞不屈，正气凛然，敌人百般威逼利诱，要他吐露党的机密和组织名单，他始终三缄其口，不透露片言只字。敌人甚至对他施加各种酷刑，灌石灰水、辣椒水、用竹签刺手指……他咬紧牙关，坚持不开口。敌人最后看到无法从他身上要到什么，竟惨无人道地把他杀害后抛下古井。烈士一生，一心一意为人民，事迹感人至深，他为革命坚贞不屈，精神更为动人。一位农民见他惨死，身抛异乡，甚为伤感，乘夜捞起他的遗体，葬于自己屋后。烈士遗孀派人几次到坡头桥查访，终于在下担村找到了这位好心的农民，掘起烈士的骨骸带回东海。

（六）谢国美

谢国美，又名谢其乐，湛江市东海岛民安镇文亚村人，原新民小学校长，曾任觉民小学校董，1939 年 5 月参加中国共产党。

1934 年夏，他毕业于遂溪师范学校。1936 年秋，他被开明绅士聘为教师，并把水流沟私塾创办成正规小学。1937 年，他参加以黄明德为主的进步青年读书会，定时定点到各单位开研讨会。因工作需要，他曾调往山内村英才小学任教。1940 年春，他被调到新民小学任教导主任。1940 年秋，他任新民小学校长。

1944 年 1 月，某日晚上，他突然接到上级叫他立即撤退的通知。他毫不计较个人得失，把他年纪尚幼的儿女交给爱人沈菊双，立即随同其他同志撤离家乡，奔赴徐闻县青桐村开展革命活动。后来，他任徐闻县抗日联防队负责人、中共徐闻县总支书等职。1944 年 12 月，他同群众到镇上开展革命活动，不幸被日寇和平队杀害，时年 33 岁。

（七）唐多慧

唐多慧（1918—1947 年）又名唐乃祥、唐彪，湛江市郊区东海岛东山调那村（今调文村）人，革命烈士。1938 年 8 月在遂溪参加青抗会，任青抗会工作队党支部组织委员，1939 年加入中国共产党。1939 年冬化名洪文炳参加廉江县党的领导工作，1940 年 2 月任廉江县委组织部部长，1941 年任中共遂溪县委委员并负责组织工作。1942 年秋任中共遂溪县西片特派员，1944 年任雷州人民抗日游击队第一大队政委，1945 年任中共廉江特派员兼南路抗日解放军散团政委。1946 年 6 月任中共化吴特派员期间，在他强有力的领导下，建立了14支武工队和地下军3000多人，控制800多个村庄。1947年3月任粤桂边区人民解放军新编第四团政委，同年4月任化吴中心县委书记。同年6月5日，率部与敌保十团于化县的战斗，撤退时被敌人机枪的一颗流弹集中颈部而牺牲，时年29岁。

（八）庄梅寿

庄梅寿，化名陈明江，1921年生于湛江市郊区东海脚踏村的一个农民家里，1929年就读于东海小学（即现觉民小学）。1938年12月，他加入中国共产党。1939年党派他参加爱国将领张炎的学生队，任一个队的党小组组长。1941年后，他先后任中共遂溪县委青年干事，中共遂南和海康、徐闻片特派员。1945年12月南路人民解放军西征，庄梅寿任三团三营教导员。1947年，庄梅寿赴香港向广东区党委汇报工作，由香港回广西后，任中共右江地区武装起义军事参谋，参加右江地委发动的武装起义而壮烈牺牲。

梅寿小时候天资聪颖、智力过人、勤奋好学、成绩优异，深得老师的喜爱和同学的钦佩。1929年，也就是法帝强行租借广州湾30周年，教师李春熙多次向学生发表了反对列强瓜分中国、奴役中国同胞的演说，他慷慨陈词，铿锵有力，并带领全校师生进行抗法护校的斗争，这使梅寿受到了一些进步思想的熏陶。

1935年，郑仲瑞（即郑星燕，新中国成立后曾任地委书记、广东省委党校校长）到东海小学任校长。此时，日本帝国主义侵占东三省，并不断向内地推进，而蒋介石却反共打内战，中国面临亡国的危险。于是，郑仲瑞经常向学生揭露蒋介石的"先安内而后攘外"的投降政策，组织学生阅读进步书刊，庄梅寿也因此更好地受到了革命思想的影响。他常常和同学谈论时局，并参加反帝反内战的革命活动。

庄梅寿在东海小学毕业后，以优异成绩考进遂溪中学。这里有良好的革命基础，有党员教师和进步学生，他们在学校里揭露蒋介石卖国投降政策，宣传抗日救国道理，掀起滚滚的革命浪潮。庄梅寿进入遂溪中学不久，参加了抗日救亡下乡工作团，积极开展抗日救亡宣传、创办夜校、下乡义演、抵制日货等一系列活动。1938年12月，他光荣地参加了中国共产党，同支秋玲、卜国柱成立一个支部，领导遂溪中学的革命斗争。1939年，庄梅寿经上级党组织的介绍，参加了爱国将领张炎领导的学生队，并任其中一个队的党小组组长。1940年，张炎被迫辞职，学生队解散，庄梅寿又回到遂溪。此后，他以教书为掩护，积极进行革命活动。当时在白色恐怖下，他不顾个人安危翻山越岭，发动群众，为挽救中华民族而贡献自己的力量。

1942年，党急需在广州湾建立几个交通联络站，掩护来往的游击队同志。庄梅寿与父亲庄文耀商量，变卖了田地，并借了600个大洋，与唐林、黄胜在赤坎开办"和昌庄"盐铺，以卖盐为掩护，实际上是联络站。这个联络站曾先后掩护支仁山、陈恩、唐多慧等地下党的领导同志，为革命作出了应有的贡献。

抗日战争和解放战争时期，庄梅寿的家成为游击队同志的驻脚点，唐平、杨二等同志经常来他家住，他们的生活都由他的家人照顾。在庄梅寿及其他革命同志的影响下，他妹妹庄碧琴的思想有了很大进步，积极投身革命活动，在村里秘密组织妇女会，为游击队送钱粮、制军衣。他的姐姐庄溪梅也为革命献出了自己心爱的首饰和布匹。由于庄梅寿的父母积极支持革命，使敌人非常恼火，抄了庄梅寿的家，其父被捕入狱。后经我地下党组织的努力营救，其父才获释放。

1942年，21岁的庄梅寿就担任了遂溪南区及海康、徐闻特派员。是年他与陈醒吾在海康、徐闻等地开辟新区，组织抗日武装队伍，在海康塘仔成立兄弟会，积极筹集枪支。次年四月，于该村成立海康第一支抗日革命队伍——抗日联防自卫队，通过与党安排在海康莫荣光"和平大队"当大队副的唐协森里应外合，巧夺了100多支枪及一批弹药，瓦解了莫部。

1943年，庄梅寿等根据地遂溪县委指示，在吴丁瀛家召开秘密会议，决定在遂溪南区建立卜巢山游击中队。这个队的成立使敌人非常震惊，他们从广州湾、麻章和城月等地调遣了700多人"围剿"该队，但游击队在群众的配合下，打得敌人蒙头转向，夹着尾巴溜走。这支游击队的建立，大大地增强了遂溪的抗日武装力量。

1944年，庄梅寿在海康英领发动武装起义，并担任起义队伍的政委。是年 8 月，雷州半岛各地武装集中遂溪乐民，进行改编，成立雷州人民抗日游击队第一大队，庄梅寿任该大队第一连的指导员。尽管他当时还年轻，但指挥队伍却很得当。他率部打到海康，挺进徐闻，袭击国民党谢仁赏大队，击溃围攻塘仔村的伪军，活捉松竹乡伪"和平队"的头目曾同荣……

1945 年 8 月 15 日，日本帝国主义宣布无条件投降后，蒋介石为了夺取抗战胜利果实，发动了全面内战，指令国民党四十六、六十四军进入雷州半岛和海南岛，企图消灭南路人民武装力量。我党为了保存革命力量，坚持斗争，以取得革命最后胜利，广东南路人民抗日解放军第一团（群众惯称老一团）根据南路特委 1945 年 9 月的指示，于 12 月进行"西征"。当时，庄梅寿是一团三营政委，为了人民的解放事业，他与广大战士一起转战西南。在贵台地区，他率领战士，以迅雷不及掩耳之势，仅半个小时就击溃了来自两广民团的围攻。在马启山（位于广西钦州与防城之间），他身先士卒，冲锋陷阵，率领战士，与敌人保九团、保十团和保安六大队浴血奋战一天一夜，击溃敌人围、追、堵、截的大小战斗不下二三十次。

庄梅寿随西征部队到了越南，参加了高平一期政干训练班后被派往河内，与当时任广东区党委驻越南党中央的联络员周楠一起工作。1947 年，他护送周楠去香港向广东区党委汇报工作，巧妙地通过敌人不少关卡，出色地完成了护送任务。

当时，由于国民党反动派发动全面内战，广西地区的革命受到很大的挫折。为了迅速扭转局面，壮大党和革命武装力量，广西省委决定在桂西南组织人民武装起义。庄梅寿从香港回来不久，便接到参加广西武装起义的通知，并于 1947 年 6 月中旬与余明炎、洪田、李东明等随同覃桂荣同志到桂西南，7 月 10 日在万岗县西山成立右江地委。庄梅寿被任命为军事部长兼右江地区武装起义军事参谋。一支由群众、民团、警察参加的起义队伍于 7 月 18 日晚上攻克万岗县。次日，覃桂荣与庄梅寿率领这支队伍赴平治山区开展武装斗争，途径羌桂圩，队伍正准备过河时，由于叛徒黄采斌勾结反革命两面派、万岗县国民党参议长谭安苍，且起义时任中队长的黄福高哗变，突然对我部队进行内外夹攻，这

东海岛、
硇洲岛
历史研究

DONGHAIDAO、
NAOZHOUDAO
LISHI YANJIU

支未经战斗锻炼的队伍一下子乱了起来。庄梅寿与覃桂荣一时也弄不清是怎么回事，便迅速组织火力，边打边退。就在这时，一颗罪恶的子弹向庄梅寿头上飞来，这位年轻的指挥员便扑倒在河水中。这场事变使党组织损失惨重，覃桂荣不幸被捕，庄梅寿壮烈牺牲。

庄梅寿牺牲时年仅26岁，他的一生是短暂的，但对人民解放事业所创的光辉业绩，将永远被人们铭记于心。

（九）"好人共产姆"许建义

许建义（1924—1948年），湛江市东海岛东山镇什石村人，在什石村育才初小毕业后，先后考入觉民高小、觉民中学读书。他家境贫困，一边租田耕种一边读书，聪明勤奋，成绩一直名列前茅。他1943年参加革命，1945年加入中国共产党。

1947年春，他与林家堃、王忠一起组织、领导觉民中学学运，任学运后勤组长，团结全校革命师生一起成功驱逐反动校长伍侠民。1947年5月，他参加南路地下党主要负责人之一沈斌领导的东海武装暴动，战斗结束后奉沈斌的指示，组建东海武工队，任队长。随后，率部开赴东简开辟新区，只用两个多月时间便在东简80%的村庄建立起农会和游击小组，收缴国民党各种枪械70多支。经上级批准，许建义、黄成海将各游击小组整编为十二团第五连，许兼任连长。1948年9月17日，奉命率部参加湖光那郁圩伏击战。战斗中不幸中弹牺牲，时年仅24岁。

许建义处事果敢、机智，曾几次于危急之际巧扮"阿姆"（村妇）躲过敌人的搜捕而顺利脱险。他关心群众疾苦，待人和气亲切，深受游击区老百姓的尊崇和拥戴，被称为"好人共产姆"。至今，"好人共产姆"的一些体恤民疾和英勇善战的故事，仍在东海岛、湖光镇等地民间有所流传。

（十）林家堃

林家堃（1925—1949年），湛江市东海岛民安镇官僚村人，小学及初中均在觉民学校读书。1943年参加抗日游击小组，1944年加入中国共产党。1944年11月受党组织派遣，到遂溪县麻章东山乡一带发动群众参加抗日活动。抗日战争胜利后，1946年奉命转入"掩蔽斗争"，回到觉民中学读书。1947年春，与王忠、许建义一起领导觉民中学运，成功驱逐反动校长伍侠民。1947 年 5 月参加沈斌亲自指挥的东海武装暴动，进攻国民党东山联防队、盐警队、区公所等据点。

1949 年 10 月 16 日，驻西营（进霞山区）国民党六十二军直属警卫营在营长邱德明德领导下，决定投诚起义。受组织委派，林家堃亲入敌营，接收起义部队。当起义部队大部分离开西营、进入遂溪游击区时，随后部分部队突然反叛，杀害了林家堃。

（十一）王玉颜

王玉颜（1899—1951 年），湛江市郊区东海岛民安龙舍村人。1937年参加抗日救亡运动，1939 年 5 月加入中国共产党，积极从事抗日救亡活动。1947 年以后，曾先后任中共东海特别区委委员、东硇特别区委委员、东海区人民政府区长兼区总农会会长。在革命斗争中，他认真贯彻执行党的统战政策，团结争取东海岛各阶层认识共同抗日和推翻国民党反动统治的斗争。他的家是革命之家，其弟王玉武（王烈）为抗日烈士，子女均参加革命工作。他在长期的革命斗争中积劳成疾，于1951 年在任期间不幸逝世，时年 52 岁，被追认为革命烈士。

1929 年，他在山内村办学教书育人，对学生进行爱国主义教育。他物色了一批有理想、有抱负，而且家庭经济条件许可的学生，如王保华、陈元清、王仕生、王荣、王魁、陈英等，动员他们到外地进步学校读书。他又亲自做学生家长的思想工作，使这些学生在外地安心读书，接受革命思想，先后加入中国共产党，成为党的革命事业的骨干力量。

1932 年 7 月，他在兄弟的资助下，考上遂溪县师范学校，并于1936 年夏毕业回家，受后边村聘请在该村任教。他把私塾改名为后边小学。1937 年他参加进步青年黄明德、沈斌、沈植三、谢国美、沈荣珠等人组织的读书会，寻求革命真理，定时定点到各用人单位开读书研讨会。1938 年他主场在山内村的中心地点创办"英才小学"。1942年，学校因经费困难而停办，他又回到龙舍村发动群众集资，利用旧祠堂办起龙光小学，解决了龙湾乡子弟读书的困难。1937 年，他被调到水流沟小学任教。1938 年，中共遂溪县党组织领导人黄其江、唐才猷、邓麟彰、沈汉英等同志，多次来该校从事革命活动，使学校越办越好，影响越来越大。1939 年秋，他被调到东山任觉民小学教导主任。他和黄明德、沈斌、谢其乐等同志，带领觉民小学、新民小学一批进步师生和青抗会员100多人，参加遂溪青抗会在坪石岭的露营，进行军事训练。尔后，他又参加遂溪县黄略村，中共遂溪中心县委和青抗会组织的7000多人的反汪大会，声讨汉奸汪精卫卖国投降的罪行。会后，东海岛抗日救亡的热潮更加高涨。他们利用"双十节"，组织各小学师生和社会广大进步青年分别在东山圩和水流沟圩召开抗日反汪大会，举着"打倒日本帝国主义！打倒汉奸卖国贼汪精卫！"的横额，抬着用麻绳绑着的日本鬼子和汪精卫的模型画像，身后跟着大炮、飞机、坦克等模型灯，举行规模巨大的提灯游行。这一活动，声震乡镇，使整个东海岛沸腾起来。

1939年5月，由中共遂溪县委沈斌同志介绍王玉颜同志参加中国共产党。他入党后，根据沈斌同志的指示，回到龙舍片吸收了第一批中共党员——符连光、符连金、陈光爵、陈元寿、王仕生等5位同志，成立党小组，组长为沈自豪。唐益华同志在调那村也吸收了一批中共党员，成立党小组，组长为唐益华。到1939年底，中共东海支部共40多名党员，党支书是沈斌同志。1940年5月，根据中共南路特委委员潘文波同志的指示，中共东海支部改为中共东海中心支部，书记沈自豪，委员王玉颜，谢其乐管辖龙舍、西山、调文等3个支部。

1942年春，王玉颜同志根据上级指示离开东海岛，先后到湖光、太平、麻章小学任教，坚持地下工作。1946年冬，根据沈汉英同志指示，王玉颜同志返回东海岛工作，领导东海岛人民进行锄奸反特斗争和开展统战工作。经上级同意，处决了一批反共反人民的反革命分子。东海岛在法帝和国民党统治时期，滋生了三股武装匪徒，常在海上抢劫商船，在陆地打家劫舍，为非作歹。我党武装活动时，土匪又冒充我军名义到处抢劫，严重破坏我党我军声誉。对这三股武装土匪，我们采取利用改造的政策，先后派共产党员王如竹、王如菊、符连光等同志对这三股土匪进行艰苦细致的思想工作，土匪头目表示愿意接受改编。根据沈斌同志的指示，陈志群、王玉颜同志把他们的100多人改编为第四连，任金太仁为连长，派共产党员林勇同志任指导员。但有少数人劣性不改，秘密勾结国民党，企图内外夹攻，消灭我牛牯湾税站。党决定将继续与人民为敌的首恶分子依法处决，为民除害，安定社会秩序。

开展统战工作。王玉颜同志遵照中共中央关于"发展进步力量，团结中间力量，孤立顽固力量"的原则，在大力发展进步力量的同时，努力做好当时东海岛上层知名人士陆春雨、沈耀光、沈德辉等人的工作，团结和争取他们共同对敌。我党在经费困难时，得到他们的资助。在王玉颜同志的教育下，陆春雨成为东海区人民政府副区长；沈耀光积极参加地下革命活动，成为一个革命工作者；沈德辉积极支持我党创办的农会，并参加农会活动，后来被敌人杀害。

加强统战工作，促敌就范，争取赵震东起义。1948年初，根据中共雷州地委书记沈斌同志的指示，王玉颜同志派工作人员去接触、疏通东海岛国民党区长、联防大队长赵震东，承诺给他留条后路，并与他约法三章：①不准向上级报告我党、我军活动实情；②敌军若进驻、"围剿"东海岛时，需立即告知我方；③不准再私自出兵"围剿"下社牛牯湾税站，若有公务要求进"剿"时，须事先告知我方，并只能沿公路而来，朝天开枪，回去报销弹药。这些协约，赵震东基本照办。

1949年9月梁广和沈斌同志派王悦炎同志到东海岛，和王玉颜同志一起加强教育，争取赵震东早日起义。赵看到国民党大势已去，表示同意我方提出的条件，于1949年11月3日晚上，率部属200多人，携带轻机枪4挺、重机1挺、长短枪140多支、冲锋枪2支，在东海觉民中学操场上宣布起义。该部属起义后编入粤桂边纵队第二支队第五团第三营，赵震东任营长。

1948年3月，为确保中共粤桂边区党委、雷州地委机关和领导人转移到东海岛进行隐蔽斗争的安全，我党一方面组织武装人员和10多艘木船到太平迎接，使领导人梁广、温焯华、黄其江、陈明江、左洪涛、方兰（女）、卢明等同志先后抵达东海岛西山村。另一方面派出武装人员沈时星、沈兆梅等同志到遂溪把电台安全运回东海岛西山迈林坡村，及时提供给边区党委领导使用，并派王如竹同志领导警卫连担任电台保卫工作，组织100多人的武装队伍，日夜巡逻放哨，监视敌特活动。如此，确保了边区党委和地委在东海岛期间的工作顺利进行。梁广同志主持召开县团以上干部会议，制订攻打赤坎的战斗计划；黄其江同志主持举办多期区委书记和营连级干部训练班，其中人员接送方面做到了绝对安全，还及时把边区党委主板的《人民报》送到各地去。东海岛下社的安全保卫、经济供给、群众工作等，都受到边区党委和地委的表扬，使外地同志称赞东海岛下社为"小延安"。

1947年7月，成立东海区总农会，王玉颜同志任总农会长。区委抽调黄培南、宋熙廉、梁怀奇三位同志协助王玉颜同志工作。当时，我党尚未建立公开政权，但实际上农会已成为农村政权。群众不论大事小事，如纠纷嫁娶、夫妻口角都来找农会解决。农会发动群众反对国民党"三征"。下社国民党不敢再派一兵一卒到乡镇收税、抽壮丁和收田粮税。我们不断扩大武工队、政工队、缉私队，抗征队共达100多人。这支队伍和第四支队联合作战，于1947年10月，推倒国民党东简区政府，区长陈谦起内应作用。因而国民党东海区政府把农会和王玉颜同志视为眼中钉、肉中刺，对农会进行残酷镇压，把参加总农会三盆村开明人士沈德辉同志杀害；把官僚下村农会长林益盛同志活埋；到处捕捉王玉颜同志的亲属。王玉颜的妻子陈文诗两次被捕入狱，施重刑吊打，打得死去活来；大女儿王菜梅被捕后，敌方将她打晕，丢在山沟里，后被群众救活；还有3个幼小儿女被迫拜托他乡群众收养，新中国成立后才回家。

1948年5月，雷州行政公署专员沈斌同志决定成立东海区人民政府，任命王玉颜同志为东海区区长。同年8月，中共雷州地委发出"向新地区发展，巩固老地区"的指示，派林宏发同志带领一批同志到硇洲岛开展工作，组织发动群众接受硇洲北港窑帆船队的80多支枪支，组建硇洲武装排，武工队员共30人。1948年11月，建立硇洲北港税站。1949年10月15日，以武装排、武工队为主，组织群众手持刀叉、木棍、锄头、铁铲，把国民党硇洲区政府、警察分局，盐警队联防队、商团等层层包围起来，迫使伪区长李升平宣布缴枪投降；又组织精干的武装队伍，在海上智俘国民党汤恩伯兵团及六十二军逃往海南岛的残部官兵共计457人，并缴获大批武器。

1948年12月，为了扩大我军武装力量、保卫税站，成立海鹰连。该连80多人，连长为林盛，指导员为梁德初，副连长为王如菊，副指导员为许义昌。

王玉颜同志严于律己，宽以待人，生活艰苦朴素，长期带病工作。他的肺病复发，吐血晕倒后才住院治疗。他住院期间，谆谆教导儿女为国为民，勤奋工作，不谋私利，为党奉献。1951年8月9日，他因治疗无效，不幸逝世。

（十二）黄超然

黄超然（1898—1952年），湛江市东海岛龙池村人。在中小学期间的成绩名列前茅；1936年毕业于国民大学，由于成绩优异，留在大学附中任教。

1938年，广州沦陷。黄超然出任东海小学校长期间，为唤起师生及民众共同抗日救国，他取典故"斯道觉斯民"，改东海小学名为觉民小学。

为了维修和扩建校舍，他四处筹款。因为资金不足，他主动不领学校的薪金一年。为了让困难学生坚持读书，他给予学生免费入学；还让数位贫困的学生租种学校的农田维持生活。1942年学校附设初中，学生由几十人增至三四百人，觉民学校成了东海岛的最高学府。

黄超然拥护中共中央提出的抗日民族统一战线，赞许学校教师把延安抗大的校歌改写为觉民的校歌。双十节提灯游行时，黄超然在每个学生的斗笠上书写"抗日救国，抗战必胜"8个大字。黄超然大胆任用思想进步的教师，辅导学生读进步书籍、唱革命歌曲。在抗战期间，觉民学校毕业生共有410多名，其中有350名参加革命，占总数的85%。其中27人为国捐躯，为烈士。

解放战争时期，黄超然挺身而出，保护革命同志和家属。有革命志士或家属被反动派逮捕时，他站出来保释；革命经费短缺时，他发动各界人士捐献、支援。

中华人民共和国成立后，黄超然被选为湛江市第一届人民代表。1952年，黄超然去世，时年54岁。

（十三）邓麟彰

邓麟彰（1913—1965年），又名李敏、李华、李明华，1913年生于湛江市东海岛民安镇邓屋村。少时家境贫寒，父母早逝，1924年得戚友、祖尝资助，就读于本村私塾，与黄明德同学，亲如兄弟。因勤奋好学，1928年冬考进遂溪县第二小学，1931年回本村私塾教书，次年春再进广东省立第十中学读初中。1933年秋后，与黄其江、唐才猷、黄彪等秘密组织读书会，研读左翼文学及马列主义基础知识，立志走革命道路，并和黄明德等东海岛知识青年一起传播革命思想。

1935年秋，十中易名雷州师范，邓麟彰升读雷师高中班。"一二·九"爱国学生运动后，他与陈其辉等在雷师带头搞学运，被校方勒令退学。次年5月，他与黄其江、唐才猷、黄明德、陈其辉、谢兆琇、黄彪、王文劭等集资前往香港寻找共产党，奔走半个多月，宏愿未遂。他们继拟往广西抗日青年军官训练团找党，但因该团发起人李宗仁、白崇禧投靠蒋介石，而无成就。尔后，他重返徐闻县甲村小学任教，待机找党。

1938年8月，邓麟彰在遂溪加入中国共产党。其后约两年时间里，他在遂溪担任党组织和青年抗日团的重要领导职务，为发展中共遂溪党组织和蓬勃开展抗日救亡运动作出了重大贡献。他于1938年8月被选为遂溪县青年抗敌同志会常务干事，次年1月任中共遂溪县中心支部组织委员，5月任中共遂溪县工委委员（管组织），10月任中共遂溪中心县委副书记，1940年3月任中共遂溪县委书记。国民党掀起反共高潮后，他于1940年下半年奉调中共南路特委机关，任组织干事。他于1941年2月任中共茂名县委书记，1942年6月改任中共茂名县特派员，1945年1月任南路人民抗日解放军政治部组织科长、第二支队政治处主任，参加领导廉（江）、化（县）、吴（川）、梅（箓）边区抗日武装起义。

抗战胜利后，蒋介石加紧策划内战，调遣大量军队进驻南路。党组织为了加强对雷州地区的领导，派邓麟彰与黄其江、支仁山一道，协助中共雷州特派员陈恩工作，开展反扫荡斗争。邓麟彰于1946年6月奉命随东江纵队北撤山东烟台，同年11月至次年10月就读于华东党校，结业后任中国人民解放军两广纵队政治部组织科第一副科长。1948年10月至1951年7月，由组织安排邓麟彰在中央马列学院学习。

广东全境解放后，他服从组织安排，前往海南岛，参加社会主义革

52

命和建设事业。他于1951年11月任中共海南区党委宣传部副部长，次年4月兼任《新海南》报社社长，1954年1月任海南区党委委员、副秘书长、办公室主任，1956年秋被任命为中共海口市委第一书记（因病未到职）。后因广东反地方主义执行过"左"政策，组织上于1958年5月将他调任广州中医学院筹备委员会党委会第一书记，次年9月任广州中医学院党委书记兼副院长，为发展广东的医学事业做了大量的工作。

邓麟彰自参加革命后，一心扑在革命事业上，由于长期在艰苦的环境下忘我工作，以致积劳成疾，患有肺气肿、肺结核、支气管炎、神经衰弱等疾病，但仍一直带病坚持工作，终于1965年不幸辞世，享年52岁。他为人民的解放和祖国的建设事业竭尽毕生心血，其宝贵精神和高尚情操，永为后人景仰！

（十四）唐克敏

唐克敏（1921—1975年），原名唐马，湛江市郊区东海岛东山调那村（今调文村）人。1940年6月加入中国共产党，先后到本村小学、赤坎光华补习学校、四维中学、益智中学从事地下党和抗日活动。1945年到徐闻县高抗日工作，后任海康、东海岛等地工作员，1948年10月后任中共湛遂边委书记、东硇特别区委书记等职。新中国成立后历任交通部湛江港务局副局长、党委副书记等职。1975年5月逝世，时年54岁。

（十五）陆春雨

陆春雨（1896—1978年），湛江市郊区东海岛东山调市村人。在抗日战争之初，任东海觉民学校校董时就积极支持青年学生的抗日救亡活动。在陆春雨进步思想影响下，5个儿子、2个女儿均参加革命工作。1947年4月，陆春雨离开家庭，随革命队伍从事医务工作。大女陆柳才于1947年10月惨遭国民党杀害，为革命烈士。1947年冬，陆春雨任东海区人民政府副区长，新中国成立后仍任此职。1952年雷东县并入湛江后，陆春雨任东海人民医院副院长，仍坚持给群众看病。他擅长中医，医德高尚，救死扶伤，为病人和群众所称赞。1978年1月27日，陆春雨在赤坎病逝，享年82岁。

东海岛、
硇洲岛
历史研究
DONGHAIDAO、
NAOZHOUDAO
LISHI YANJIU

（十六）谢妙

谢妙（1925—1983 年），湛江市东海岛民安镇文亚村人，1932 年至 1942 年在觉民学校就读，1942 年 10 月参加地下党工作，1945 年 10 月加入中国共产党。

1942 年在东海岛参加地下党工作时，先后兼任大熟、文亚村抗日游击中队长。1945 年 2 月调入华南抗日解放军南路一团司令部任政工队员。1945 年 5 月至 1946 年 9 月受党指派到雷州师范读书，从事地下党工作。1947 年 4 月任中国人民解放军粤桂边区十二团三连文化教员、遂溪县南区中队政治指导员。1948 年任中国人民解放军粤桂边纵八团八连政治指导员。1949 年 2 月任粤桂边纵队 6 支队十八团二营政治教导员。

中华人民共和国成立后，1950 年 1 月任湛江军分区十二团炮连政治指导员、团副股长。1952 年转入海军，先后任山头水警区巡逻艇中队政治教导员、快艇 11 支队 21 大队副政委、南海舰队政治部组织部青年科科长、海军榆林基地政治部组织处长。1965 年 2 月任基地后勤部副政委（副师级）。1978 年 6 月任基地装备技术部政治委员（正师级）。1983 年 2 月因病逝世，时年 58 岁。

（十七）沈斌

沈斌（1914—1986 年），又名沈治、沈不倒，湛江市郊区东海岛民安西山村人。1932—1935 年在遂溪乡村师范读书，1936 年 7 月在本村小学教书。1939 年加入中国共产党，5 月担任中共东海岛第一任党支部书记。1940 年 7 月，海南岛沦陷，有 500—600 难民逃到大陆，党派沈斌到难民队担任党支部书记。抗战期间，沈斌历任遂溪中区党的宣传委员，遂溪东区区委书记，广州湾特派员以及海康、徐闻、东海岛和遂溪五九片的特派员。解放战争时期，沈斌曾任中共海康遂溪地区特派员兼徐闻联络员、中共遂溪中心县委副书记、高雷工委副书记、高雷地委书记、雷州地委书记、粤桂边区人民解放军第二支队政委、粤桂边纵第二支队政委以及雷州人民行政公署专员等职。1947 年，沈斌遵照南路特派员吴有恒指示，率领部队 200 多人袭击东海岛民安和东山的敌人据点，缴获枪支弹药一批，打乱了敌人的"扫荡"计划，巩固了东海岛根据地。从 1948 年 5 月起，沈斌与支仁山所率领的第二支队北上化州、吴川，南下海康、徐闻，历大小战斗几百次，歼敌 5000 多人，缴获长短枪支 500 多支，弹药医药物资一大批。在兄弟部队配合下，有力地助力南下大军歼灭国民党残余部队，为解放雷州半岛和湛江市立下了战功。新中国成立初，沈斌曾任中共湛江临时工委书记、军管会副主任、湛江市副市长、市委常委、高雷地委委员等职，为接管湛江市、建立管理机构、支援解放海南、抗美援朝等各项工作作出了贡献。1953 年 5 月以后，沈斌调任广东省建工局办公室主任、副局长、党组副书记。1978 年，沈斌调任广东省地震局副局长、党组成员、纪检组长等职。1986 年 5 月 26 日，沈斌在广州逝世，终年 72 岁。

（十八）林宏发

林宏发（1925—1987 年）湛江市郊区东海岛东山镇人。1940 年 1 月在遂溪县立中学读书时加入中国共产党，同年参加革命工作，曾任东海岛地下党负责人、越南海防市临时党支部副书记、粤桂边人民解放军新编第九团第四连指导员、中共湛江市东硇特别区委副书记、湛遂边工委委员。他在抗日战争和解放战争中，投身学生运动、农民运动和抗日救亡工作，为人民解放事业作出了贡献。新中国成立后，林宏发曾任中共中央华南分局研究室干事、副科长、科长，广东省委农村部副处长，中共海丰县委书记，惠阳地区农业局局长，地委农村部副部长，惠阳地区农委副主任，计委副主任。1978 年 6 月，林宏发调任广东省水产局渔政处副处长、处长。离休后，享受厅级待遇。1987 年 10 月 13 日，林宏发因病医治无效在广州逝世，终年 62 岁。

（十九）王长英

王长英（1900—1987 年），原名王马英，又名王详英，湛江市郊区东海岛东山北山下村人。1947 年 5 月参加革命游击小组，1948 年 11 月参加交通联络工作，1950 年 1 月加入中国共产党，1950 年 3 月任中国人民解放军第 43 军对海先锋营船工分队长。他曾参加解放海南岛战役，引航偷渡两次登陆成功；荣立大功两次，被第 43 军和广东省人民政府授予渡海特等功臣称号。1950 年 9 月下旬至 10 月初，他参加全国第一届战斗英雄、劳动模范代表大会，被选为大会主席团成员，会上被授予全国劳动模范称号，受到毛泽东主席和党与国家其他领导人的接见。1954年以后，王长英曾任雷东县和湛江市郊区水产科（局）副科（局）长职务。1987年10月，他在湛江市病逝，享年87岁。

（二十）沈汉英

沈汉英（1916—1988年），又名沈建华，湛江市郊区东海岛民安南池村人，少时曾在遂溪二小、海康省立十中读书。1336年考入省立广州江村师范，在学期间参加我党领导的秘密读书会，学习马列主义，宣传党的抗日主张。"七七"事变后，参加广东青年抗日先锋队。1938年9月在江村师范加入中国共产党。他是遂溪青抗会发起人之一。沈汉英在抗日战争和解放战争时期，历任宣传队员、党支部书记、特别党支部委员、区委书记、特派员、遂溪中心县委书记、粤桂边人民解放军雷州支队司令员、粤桂边区党委民运部长、粤桂边地委和六万山地委副书记、钦廉前委书记。新中国成立后，他先后任高雷地委委员、钦廉地委委员兼合浦县委书记、中央重工业部检查员、第一机械工业部人事科长、处长、广东省委工业部处长、湛江港务局党委书记、第四航务工程局党委书记、广州航道局副局长、局党委委员等职。他于1983年11月离休，1988年6月9日在广州病逝，终年72岁。

（二十一）李晓农

李晓农（1919—1988年）湛江市郊区东海岛民安三盆村人。1939年参加革命，同年加入中国共产党。历任党支部书记、指导员、教导员、团政委、支队政治部主任、军分区政治部主任、后勤分部政委、昆明军区军医学校政委、昆明军区后勤部政治部主任和副军职顾问等职。1961年晋升为上校军衔，1981年离休后定居广州。1988年5月23日，在原成都军区昆明总医院病逝，终年69岁。

李晓农同志年轻时就参加了遂溪青年抗日同志会，积极投身抗日救亡工作。在日寇占领广东雷州半岛时期，在党的领导下，积极发动群众，组织抗日武装力量，领导老马武装起义，有力地打击了敌人，为雷州半岛抗日争斗的开展和胜利作出了积极贡献。

抗日战争胜利后，李晓农同志遵循党的指示，在敌强我弱、环境十分困难的情况下，在遂溪县组织群众，带领部队与国民党反动军队进行顽强斗争，击毙了南路挺进团司令、反动头子戴朝恩，粉碎了敌人多次扫荡，巩固和扩大了解放区，并领导组建了新的部队——新一团，为南路武装斗争的发展奠定了一个好基础。1948 年他奉命带领部队先后转战十万大山合滇桂黔边广大地区，经受了严峻的考验。他指挥部队参加遂溪笔架岭战斗、云南潦浒石战斗以及在中国大陆歼灭最后一批残敌的滇南战役，均出色完成任务，为解放云南作出了贡献。为表彰李晓农同志战争年代的功绩，1957 年国防部授予他解放勋章 1 枚，1988 年 8 月中央军委授予他独立功勋荣誉章 1 枚。

在社会主义革命和建设时期，李晓农同志曾先后担任武定军分区、后勤廿二分部、昆明军区军医学校、军区后勤部和政治部的主要领导职务，始终保持和发扬艰苦奋斗、廉洁奉公、密切联系群众的优良传统和作风，努力学习，积极工作，对部队政治工作、后勤工作的建设与发展建立了不可磨灭的功绩。

十年动乱期间，李晓农同志立场坚定，与林彪、江青反党集团进行了坚决的斗争。粉碎"四人帮"后，他衷心拥护党的路线、方针、政策，坚持四项基本原则，在政治思想上与党中央保持一致。离休后仍保持革命情操，关心党和国家的大事，关心部队和干休所的建设，积极参与领导滇桂黔边纵队军史的编写工作。

（二十二）沈自豪

沈自豪（1921—1992 年），原名沈杰、又名廖源，湛江市区民安镇下山村人。1938 年参加宣传工作，1939 年春参加遂溪县青年抗敌同志会（简称青抗会），同年 5 月加入中国共产党。新中国成立前历任我党地下工作者，中共东海中心支部书记，游击队连指导员，南路游击队老一团一营教导员，滇桂边纵队一支队股长、政治处主任，中国人民解放军滇、桂、黔边纵队广西第二支队长兼政委，中国那马县委书记。新中国成立后历任中共广西马山县委书记、县长，中共田村县委书记，中共广西百色地委农村部副部长、部长，百色行政公署副专员等职务。1982 年 12 月离职休养，享受副厅级、行政 12 级待遇。1992 年 1 月 12 日因病在广西南宁逝世，终年 71 岁。

东海岛、
硇洲岛
历史研究

DONGHAIDAO、
NAOZHOUDAO
LISHI YANJIU

（二十三）陈元兴

陈元兴（1926—1994年），湛江市麻章区民安镇山内村人。1943年8月参加革命。1945年11月加入中国共产党。新中国成立前曾先后担任东海抗日武装中队分队长，南路游击大队老一团政治指导员、教导员，滇、桂、黔边区富田县工委组织部部长。新中国成立后历任中共电白县委兼组织部部长，湛江专署公安处副科长、科长，中共徐闻县委副书记兼公安局局长，湛江专属公安处副处长、处长，茂名市革委会保卫组长、市公安局局长，中共茂名市委常委兼市政法委书记，湛江市第八届人大常委会副主任兼市国家安全局党委书记。1993年4月离职休养，1994年7月因病逝世，终年68岁。

（二十四）王悦炎

王悦炎（1923—2001年），湛江市东海岛东山镇北山上村人。1944年于党民中学初中毕业。1944年参加革命工作，同年加入中国共产党。

1944年在雷州独立大队工作，任分队队长；1945年在老一团九连工作，任连指导员；1945年10月在遂溪九区参加革命活动，任区总支书记；1946年9月在湛江市学校工作，任学校支部书记；1947年3月在新二团工作，任指导员；1947年12月在遂溪东南区工作，任区委书记；1949年1月在中共湛江市工委工作，任工委书记；1949年12月在中共雷州地委工作，任青委书记；1950年在湛江市委工作，任秘书室主任兼共青团湛江市委书记；1952年至1953年在中央团校学习；1953年8月在华南团委工作，任教研室主任；1954年至1955年在湛江市团委工作，任团委书记；1956年在中央高级党校学习；1956年至1960年在广东省党校工作，任党校资料室主任；1962年至1968年在广东省委马列主义讲师团工作，任副团长；1969年在广东省委学习；1976年至2001年在广东省委党校工作。离休后享受厅级待遇。2001年4月病故，终年78岁。

（二十五）黄明德

黄明德，1913年出生，湛江市东海岛民安镇海坡南村人。1936年参加革命工作，1939年1月加入中国共产党。新中国成立前，黄明德历任遂溪县西区区委委员，东区区委书记，化州县特支书记，吴川县梅录市和茂化边特派员，广东南路抗日解放军第二支队第四大队政委，廉江县特派员，廉江县委书记，粤桂边地委常委兼桂东南分委书记，粤桂边人民解放军廉江独立大队政委，新三团政委，新七团政委，粤桂南地委书记，中国人民解放军粤桂边纵队第一支队司令员兼政委。新中国成立后，历任中共茂名县委书记、南路地委委员、高雷地委常委、中共粤西区党委常委、湛江地委副书记、湛江市委书记、广东省机械工业厅厅长、党组书记、广东省湛江地区行政公署专员、中共广东省委委员和省顾委委员。1958 年指挥湛江堵海，建设东海大堤。常下乡下厂调查研究。担任了湛江老游击战士联谊会、湛江市关工委、湛江市老促会、老年大学、湛江诗社等多个团体的名誉职务，擅长诗词的创作和研究，撰写了多篇有历史意义的诗词作品和调研文章，出版了《晚晴集》5 册，其中诗集 4 册、文集 1 册。

（二十六）陈沈潜

陈沈潜，原名沈潜。男，汉族，1918 年 4 月出生，广东湛江市民安镇三盆村人。1938 年参加革命工作，1939 年初加入中国共产党，离休前任佛山地区外贸局副局长。

抗日战争时期参加革命活动，1938 年到遂溪县参加抗日宣传队下乡宣传抗日救国工作，并参加青年抗日救国会组织，接受中共党组织派遣与莫志忠到遂溪元山头村，负责组织工作队，驻队进行抗日救国宣传，发展青抗会会员，秘密筹建游击小组。1939 年初加入中国共产党。1941 年接受党派遣到广州湾赤坎南强中学读高中，在学校任中共地下党支部书记，以学生身份秘密从事党的工作，开展学生运动。1943 年高中毕业后，受党组织委派到徐闻县当教师，以教师公开身份秘密从事党的工作。1944 年调回遂溪县南区负责区委书记工作，下半年调离南区，从事武装斗争工作，组织游击队。后游击队组建成部队连队，被任命为大队政委。1946 年受组织派遣参加东江纵队北撤到徐州、烟台等地，编入解放军四野，被任命为营教导员、团副政委，参加了平津、淮海战役。之后，随解放军四野两广纵队男鞋征战。1949 年，在四野珠江军分区顺德县大队任政委两年左右。1951 年任华南军区人武部副科长（团级），后调任顺德县兵役局局长、武装部部长。1963 年调佛山军分区任后勤部副政委。1955 年授予少将军衔，后晋升为中校军衔。1964 年底转业到佛山地区外贸局任副局长，直到 1983 年离休。先后获得纪念章和勋章共 12 枚。

（二十七）黄轩

黄轩，原名黄道修，又名黄永德。男，汉族，1917 年 12 月日生，广东省湛江市东海岛东参村人。1938 年参加革命工作，1939 年 5 月加入中国共产党。1979 年离休。

1938 年 11 月，由沈汉英介绍参加遂溪青年抗敌同志会负责将一些抗日传单和《青年征地》等刊物带回东海岛，与有关人员一起向群众宣传抗战。1939 年 5 月由黄明德介绍加入中国共产党。

1942 年 2 月，按党组织安排到省立雷州市范读书，做学生运动工作。

1943 年—1946 年在海康、遂溪等地从事地下武装斗争工作。

1946 年下半年，作为特派员，在东海岛东山区成立了党中心支部并任支部书记，同时兼任东海、海康南区两地地下党工作。1947 年成立中共海康南区区委，任书记。在各乡镇发展建立党组织、团组织、游击小组、兄弟会、妇女会、农会、武装民兵等组织。1947 年春，带领海康县部分地下武装，参加中共雷州地委书记沈斌亲自指挥的东海武装暴动。

1947 年 7 月任海康县委常委、组织部部长兼南区区委书记。

1948 年 2 月，奉命回东海岛成立了中共东海（岛）区委会，任中共东海（岛）区委书记。

1948 年 5 月—1951 年 6 月任海康县委常委县委组织部部长。

1952 年 6 月—1956 年 5 月历任廉江县委组织部部长、县委副书记、县委第二书记，兼县垦殖所专职副所长、国营黎明中心农场场长、场党委书记。

1956 年 6 月—1957 年 3 月任华南热带研究所海南试验站站长。

1958 年 3 月—1958 年 10 月任华南农垦总局农垦学校副校长。

1958 年 10 月—1979 年 4 月历任广东省农业科学院（原省农科所）办公室副主任、蚕业系副主任、党组织成员，广东省农业科学院土肥研究所所长、书记，广东省农业科学院蚕丝学会副理事长、中国蚕丝学会理事。

（二十八）陆锦纶

陆锦纶（伦），曾用名陆明、陆伟、曹伟。1926 年 4 月出生，湛江市东海岛调市村人。六岁随父到东山圩东海小学（后改名觉民小学）念书，12 岁在校参加青抗会搞抗日救亡活动。13 岁小学毕业，考进遂溪中学。在遂溪，他参加邓麟彰（中共遂溪县工委组织部部长）在泮塘村办的建党学习班，继而，便退学随沈汉英、邓麟彰等带领的遂溪青抗会下乡工作队到支屋、双港等村协助办夜校。

1940 年，邓麟彰安排他回校读书，搞学生工作。在南强中学两年，觉民初中速成班半年，培才中学高中半年。17 岁结束学生时代，1943 年 2 月回调市村教书。1943 年 4 月由林宏大介绍加入中国共产党。

1943 年 7 月党组织调他去徐闻开辟新区，安排在新寮岛（当时属海康县）新寮中心小学任教开展工作。

1944 年 7 月调任东海党中心支部书记。

1946 年 4 月奉命撤离东海岛，他和林宏发闻讯于 4 月回国参加东海革命暴动。暴动后，留任东海特派员。

遂溪县委为加强东海领导，1947 年 11 月成立东海特别区委会，他为委员。1948 年初党组织派他去越南海防联络同志，任务完成后调廉江青平区任区委书记。

新中国成立后，1950 年初调南路地委组织部当干部干事。区委成立后，他仍在组织部工作，任干部科副科长；实行战线分管干部时，他任综合干部科科长。1955 年调往化州参加农业合作化运动，先后任县委副书记、县长、县委书记，专管农业生产工作。"文化大革命"后期，他蒙受冤案，被下放电白盐场任副场长。

1979 年平反，复职调任徐闻县委书记。1982 年调任湛江工委农村部任部长，又调任湛江水产学院任党委副书记，后任党委书记。1987 年离休。

（二十九）黄光才

黄光才，男，1934 年 8 月生，湛江市东山镇什二昌村人，1951 年前在本村小学、觉民小学、觉民中学读书，1950 年 9 月加入共青团，1953 年

10 月加入中国共产党，1951 年 11 月参加工作。

1951 年后，任湛江市干部班学员，民主改革队队员、组长，湛江市城乡联络部副部长，湛江市政府市长秘书，市府办公室秘书科副科长，国家城建总局规划训练班学员，湛江市城建局规划科副科长、科长。1958 年后，任茂名工矿区城市筹建处城建组长，工矿区城建局科长、副局长，水厂筹建处主任，化肥厂副厂长，磷肥厂副厂长。"文革"期间遭受迫害，平反后任茂名市水泥厂两委成员、生产组长，厂革委会副主任。

1973 年后，任茂名市基建局副局长、党委成员，城市建设局副局长、局长、党委书记。

1981 年后，任茂名市副市长、市府党组成员、市委候补委员。

1983 年后，任中共茂名市委副书记、市府代市长、市长、市府党组书记、省党代表、省人大代表、第七届全国人大代表并兼任茂名市电视大学校长、党委书记、市三防指挥部总指挥。

1989 年 11 月后，任广东省第二轻工业厅厅长、党组书记、省联社主任、机关党委书记、省政协委员、全国联社常委理事、全国轻工学会副会长。

1998 年 10 月经广东省委批准退休。

1954 年，湛江市遭受 12 级以上台风袭击时，在抗风救灾中立功1次，华南分局给予物质奖励。

（三十）黄成海

黄成海，1924 年 5 月 20 日出生，湛江市东海岛东参村人。1931 年在东参学校读书，1940 年在觉民学校读书。

1938 年 10 月，他参加组建东参抗日救国读书会。1942 年他负责东参夜队（锄奸队）、交通情报站和地下游击队工作。1945 年 2 月他在南路抗日解放军一团政工队，参加下担、山家两次抗击日伪战役；同年 6 月他被调回东海岛从事地下革命工作，同年 8 月 5 日加入中国共产党，任支委。

1947 年 5 月 30 日，东海武装起义，黄成海任海军组织员兼抗征一中队队长、东海武工队指导员。1948 年 3 月 23 日他被伪军扣留关禁 17

天，后被地下党营救释放；同年 8 月奉命改名"杨海"，被调到一支队廉江青年武工队任指导员、区委副书记。1949 年 11 月，他随粤桂边小队配合野战军完成全歼白崇禧集团 29 万人的战役，并荣获纪念章一枚，后任解放军第 43 军某师水上练兵委员会委员兼车板港口主任。海南解放后，他转业到中共南路地委组织部，任人事秘书，直属机关党、团委副书记和书记。

1951 年 12 月，黄成海到廉江、化州县参加土改工作，曾任队长、区委书记，被评为"土改模范"，获纪念章一枚。后继任中共化州县委常委、组织部部长，被评为"纠正土改模范"，获纪念章一枚。1954 年任中共粤西区党委组织部科长。1956 年任中共电白县委第二书记。1958 年受极左错误迫害，被撤职降级，被调廉江县任深水洞村生产队队长两年。1960 年被调湛江卫校任校长 20 年。"文化大革命"中被迫害劳改 5 年。中共十一届三中全会后彻底平反。1980 年任湛江市委常委、组织部部长。1983 年当选市人大常委会副主任。1986 年离休。

（三十一）王国荣

王国荣，1932 年 2 月 10 日生，湛江市东海岛北山上村人。中共党员。

1945 年毕业于党民小学。

1950 年在赞化中学读夜校会计班，后报考银行，成为银行出纳。1951 年至 1953 年主动报名到廉江参加土改工作，曾任复查组长、副队长等职。

1953 年主动要求到徐闻银行工作，1954 年调任徐闻第四区（下桥）区委书记。1959 年调任英利公社书记。1964 年调任海康县副书记，同年被抽调到阳江县搞"四清"，1965 年再回海康县搞"四清"。1966 年到南兴芝园搞整党试点。1969 年至 1970 年指挥治理南渡河。1970 在县革委会分管政工工作，负责安排干部和落实政策。1970 年至 1972 年在省党校学习。

1974 年被调到鉴江流域水利工程管理区任局长，负责高州、茂名、化州、电白、吴川等五个县的水利工作。1976 年至 1977 年上半年调任湛江供电公司工作组组长，同年下半年被委任为湛江供电公司书记、局长，兼任湛江地区水电局副局长。

1978 年底，调任吴川县工作组长，负责全面工作。1979 年任吴川县副书记，1983 年任县委书记。在吴川工作期间，带领县委班子采用"四个轮子"（全民、集体、联合体、个体）一起转的方法，使吴川经济高速发展。

1988 年当选湛江市人大常委会副主任，仍兼任吴川县委书记。1993 年被选为湛江市人大常委会常务副主任、代主任。

（三十二）林智

林智，原名林生智（觉民读书时叫林海），1929 年 12 月生，湛江市东海岛民安镇丹僚（官僚）下村人。

1946 年上半年，林智毕业于觉民小学。1947 年 3 月觉民中学一年级肄业。1947 年，参加革命。同年，加入共产党。曾随部队撤到遂溪南区等地，在黄葵带领的政工队搞宣传工作。后又被派回东海岛从事地下工作。1948 年，调往徐闻县，曾任武工队长、独立营 3 连副指导员。1949 年 8 月加入中国人民解放军后，在"边纵" 2 支 6 团 2 营 5 连任指导员。1949 年 10 月 22 日，徐闻解放后，部队奉命北上海康与 1 营会合，一举解放南兴，攻打平湖与北和等地敌军。

1950 年 1 月，部队在黄略改编后，林智转业，重返徐闻参加支援前线、解放海南，并任徐闻四区人民政府区长。1953 年 4 月，他被派往华南分局学校学习，同年调入粤西区党委组织部干部科工作。他先后任审干办公室副科长、科长，后到地委组织部任干部科副科长、人事科长。1966 年，他任廉江县委常委兼组织部长。"文革"期间，他任县委常委兼革命委员会副主任。

1978 年 7 月，林智调湛江地委工作，同年 11 月任地委组织部干部科长、地委落实干部政策办公室副主任。1979 年 11 月，任湛江地区行署人事局局长。1983 年，任湛江市人事局局长。1980 年兼任中共湛江地区纪律检查委员会常委。1983 年，任湛江市纪律委员会常委。1983 年 12 月与 1988 年 12 月，分别当选为政协湛江市第六届和第七届委员会常委。

1990 年 11 月，广东省委同意林智为副厅级干部。1994 年 6 月，林智离休。

(三十三) 陆锦西

陆锦西，1924 年生，湛江市东海岛调市村人。1939 年于觉民小学毕业，1942 年在遂溪中学初中毕业，后在南强高中读书半年。1940 年，在遂溪中学加入中国共产党。1941 年在黄略乡召开遂溪县"反汪"群众大会。1943 年日寇侵入雷州地区，与杨增、王介石在东海东山圩秘密写、贴抗日墙报。1944 年地下党设立联络站，在东山圩开办"合和庄"商店作为掩护，他负责该店的经营工作。1945 年，他参加抗日部队，被派到遂溪南区敌后武工队工作，任党支部组织委员，主要负责该区的肃奸、建立游击小组、发展新党员工作。

1946 年，他奉地下党命令，撤退入越南。入越后，他被调到驻海防手枪队任政治指导员。1947 年，他带领手枪队到广安省与当地华侨武装一同参加援越抗法战争，和越南人民一起打击法国侵略者，后荣获 8 级伤残革命军人荣誉。1948 年，他被派调到越南政府搞华侨侨务工作，带领一个 5 人小组潜入敌占区——海宁省，组织华侨武装抗法。到 1949 年建立了海宁省独立大队，他任大队长兼政委。期间，这支武装部队配合我粤桂边纵第三支队袭击海宁省省会——芒街。此役，歼敌官兵 50 余人，俘虏 120 人，其余四五百敌人全部溃散，缴获迫击炮 1 门、火箭筒 3 个、轻重机枪 15 挺、长短枪 300 多支、各种子弹、手榴弹五六万发、其他军用物资一大批。接着，海宁独立大队又先后扫除法军两个据点——南树屯和唐花，共歼敌 50 余人，缴获轻机枪 2 挺、掷弹筒 1 件、步枪 30 余支、子弹和军用物资 1 批。1949 年 8 月陆锦西回国参加解放战争，被分配到粤桂边纵第六支队新十六团一营，任营政治教导员。

新中国成立后，陆锦西先后任南路军分区政治部总务股长、粤西军区干部部助理员、海康县兵役局副局长、雷东县兵役局副政委、雷南县兵役局副政委、化州县人民武装部政委兼党委书记、湛江机械厂党委副书记、湛江拖拉机厂党委书记、湛江市建设银行支行副行长、湛江市工商局局长兼党委书记、湛江市人事局局长兼党委书记等职。

（三十四）王荣

王荣，1925 年 5 月生，湛江市东海岛龙舍村人。1941 年 4 月入党，同年 10 月入伍。1941 年至 1946 年，先后在雷州抗日游击队政工队、广东南里抗日解放军、玥省工委留越干训任政工员、指导员、区队长。1947 年在越南北部东海区华侨自卫团一大队任教导员。1948 年先后在广西靖镇区粤南路人民解放军老一团一连、人民解放军桂滇边部队一支队一大队任指导员、教导员。1949 年先后在中国人民解放军滇桂黔边纵队一团一营、十五团政治处任教导员、副主任、主任。1950 年至1951 年，先后在云南省武定军分区十五团、组织科任政委、科长。1952 年至 1956 年，先后在中国人民解放军第二政治干校当学员、教员。1957 年至 1958 年 11 月，先后在中国人民解放军广州市内卫团政治处、内卫团任主任、副政委。1958 年 12 月至 1965 年 7 月先后在武警广东省总队五团、武警湛江支队、湛江军分区独立团任政委。1969 年 3月至 1980 年 12 月先后在湖南省军区独立团、长沙警备区政治部、常德军分区政治部任政委、副主任（副师）。

战争年代，王荣参加过海康东里、徐闻下洋战斗；在越南参加广安省南谋与法军作战；在广西靖镇区参加百合、弄莲、南坡、清华、英华5 次战斗；在云南滇东南、滇东参加蚌谷、马关、高良、潦浒石、未湾5 次战斗和滇南战役。

1954 年在重庆第二政治干校被授予优等生称号；立 3 等功一次；1957 年 6 月被授予中华人民共和国 3 级解放勋章；1988 年 7 月被授予独立功勋荣誉章。

（三十五）许伟

许伟，乳名许泰传，1925 年 7 月出生，湛江市东海岛东山镇什石村人。因家穷，1942 年才进本村学校读初小，1944 年考入觉民小学读五年级，并参加抗日游击小组，开展各种地下革命活动，1946 年考上觉民中学。1947 年 3 月，积极参加由许建义、王忠等领导的学潮斗争。学运斗争胜利结束后，由王忠带领到遂溪南区参加武装部队，曾任班长、副排长职务。参加粤桂边纵军事集训，结束后被调到遂溪县西北区担任区中队教官。1948 年春，奉命调回东海岛从事地下革命工作，直至解放。

1950 年 4 月，许伟作为东海岛第一批选派入湛江市的年轻干部到市税务局工作。1956 年考入中央财经经济学院，毕业后调到湛江地区税务局任税政科科长。1973 年任地区工商局行政科长，从 1976 年起担任地区工商局副局长直至 1985 年离休。

（三十六）王忠

王忠，曾用名王祥、国忠、吴玉海，1927 年出生，湛江市东海岛民安镇龙舍村人。

1943 年在觉民中学读初中，1944 年参加革命工作，同年加入中国共产党。1945 年 3 月参加南路抗日武装组织，领导调川片农民武装斗争。1946 年接受地下党组织的指示，回到觉民中学读书，秘密开展革命活动，1947 年曾发动和组织学生开展全面的罢课运动。当局妄图派兵镇压时，他及时地组织学生安全撤离。他先后在粤桂边纵新一团、八团及警卫团任政工、政治指导员。1949 年冬，他被调到第八军分区警备通讯连任政治指导员。

新中国成立后，1950 年，王忠被组织保送到广东军政大学培训。毕业后，先后在南路高雷军分区、粤西、中南军区保卫部工作，任干事。1954 年冬至 1969 年，先后在原总政治部联系处、原广州军区联络部、原总政广州联络局任助理员（少将军衔）。

"文化大革命"后，被调到卫生部门工作，任第 197 医院院长。1976 年转业，任广州市卫生局政治部副主任、机关党总支书记。1980 年任广州市投资公司副经理。1984 年任广州国际房地产公司副经理、书记。

1990 年离休，享受厅级待遇。2005 年 9 月纪念抗战胜利 60 周年时荣获中共中央、中央军委、国务院颁发纪念章 1 枚。

（三十七）王培

王培，湛江市东海岛民安镇龙舍村人。1945 年 7 月在新民小学毕业后考上觉民中学。1948 年至 1952 年在西营（今霞山）正义中学、湛江二中读书，毕业后到华南师范学院政治系读书。1955 年 7 月毕业，分配到北京中央侨委工作，被派往越南阁内中华中学任教 3 年后。重返

东海岛、
硇洲岛
历史研究

DONGHAIDAO,
NAOZHOUDAO
LISHI YANJIU

中央侨委后，1960 年又被派往印尼接运难侨。1972 年调进外交部，1973 至 1979 年在中国驻缅甸大使馆当 3 等秘书。1983 年至 1987 年在中国驻英国大使馆当 1 等秘书。1987 年 8 月至 1994 年 5 月任全国人大华侨委员会专员。

1994 年 5 月退休后，一直联络港澳同胞捐资参与祖国西部地区的青海省、陕西省和云南省的扶贫济困、扶贫助教和扶贫助残等事业。2004 年 10 月，被中共中央组织部评为全国老干部先进个人。2003 年和 2006 年被全国人大机关党委评为全国人大常委会机关优秀共产党员。

（三十八）尤胜

尤胜，1930 年出生，湛江市东海岛文丹村人。儿时在广德小学读书，1946 年考入觉民中学，1947 年离校参加粤桂边纵学生连。1949 年重返觉民读书。1950 年到南方大学学习。1951 年参加省土改团到新会县搞土改。1952 年至 1955 年任新会县二区委组织委员。1956 年至 1969 年任新乐基层党委书记，公社党委副书记、书记、社长，革委会主任。1970 年至 1978 年任新会县农业战线革委会主任、农委主任。1979 年至 1994 年调任珠海市农业局局长、农渔委副主任、市人大常委、财经委主任、农委主任。1995 年离休。

1952 年被评为新会的优秀土改队员；1956 年被评为新会县优秀干部；1960 年被评为文卫工作 1 等奖，省文卫先进工作者；1978 年被评为新会县驻队优秀干部、先进工作者；1987 年被评为珠海市农业技术推广 1 等奖、省土地普查优秀科技成果 2 等奖。

（三十九）张耀森

张耀森，1928 年 9 月生，湛江市东海岛东山圩人。

曾就读于觉民中学，受到革命思想的熏陶。抗日战争时期，参加地下党领导的"抗日游击小组"，开展抗日宣传活动。

解放战争时期，张耀森被党组织排到徐闻锦和小学工作，以教书为名，积极进行革命活动。当时他负责海徐地下党油印室工作，并兼任敌后区的民族解放事业的群众运动等工作。

新中国成立前夕，曾任海康东区下湖党支部书记、东区区委委员、徐闻北区委员。1949 年 3 月任雷州半岛公学（当时为迎接解放的干部学校）教育主任、徐闻北区区委书记。新中国成立后，先后任徐闻县人民政府文教科科长兼卫生科科长、县卫生院院长；徐闻三区（迈陈）区委书记兼土改队队长；县人民政府民政科长、合作部部长、县委常委、湛江地委农业办科长、钦州县农村工作部长、县委常委。"文化大革命"后任公社革委会主任兼党委书记、钦中革委会主任兼支部书记、农械厂革委会主任兼党总支书记、钦州县科委副主任、县政协副主席。

改革开放后，先后任钦州地区科协副主席、广西科协委员、北海市人大办公室主任、北海市委统战部部长、市政协副主席兼北海市科协党组书记、广西政协委员等职。

（四十）刘符

刘符，1929 年 3 月出生。湛江市东海岛东山镇文参村人。1944 年参加革命游击小组，1945 年前在文参小学读书，1946 年毕业于觉民小学，1947 年加入中国共产党。

新中国成立前，曾任遂溪南区武工队队长、支部书记、区委常委。新中国成立后，先后任遂溪县团委组织部部长、书记、粤西区团委常委部长、副书记，湛江郊区副书记，湛江市团委书记，广东省公安厅和省委统战部宗教处科长，中山医科大学一院副院长，省港澳流动渔民办公室副主任，省委边防口岸办公室副主任。

1985 年因病提前离休。

（四十一）黄鑫

黄鑫，1931 年 9 月生，湛江市东海岛龙池村人。1937 年入读觉民小学，1946 年夏于觉民中学毕业后考入广东雷州师范学校读书。1947 年参加革命工作，同年加入中国共产党。

1947 年至 1948 年 10 月任龙池村交通站站长、党支部书记等职。1948 年 10 月至 1949 年调一支队新三团（后改编为六支队十六团）任副指导员、指导员等职。1949 年 6 月至 9 月，参加了打通雷州半岛至十万大山、六万大山走廊的斗争。1949 年 12 月参加了解放湛江市的战役：12 月 17 日，连队受命为解放湛江的先头部队——解放湛江尖刀连，密切协同连长带领连队在当夜 11 时直插西营（今霞山）港口码头。

东海岛、
硇洲岛
历史研究

DONGHAIDAO、
NAOZHOUDAO
LISHI YANJIU

部队沿海边前进，占领了电厂后，向敌伪市政府挺进。在向敌伪市府方向推进近百米处构筑阵地，集中火力包围和封锁伪市政府大楼，切断敌人往港口、码头逃窜上军舰的通道，并亲自组织迫击炮、重机枪等向敌舰开火，敌军被围困在市府大楼等据点。战斗持续了两天两夜，直至19日解放大军赶到把敌人全部歼灭，才解放了湛江。

1950年，先后任高雷军分区二十八团八连、机炮连、分区教导队教导员。1951年1月调广东军政大学学习，毕业后留校工作，先后任宣教干事、青年助理员等职。1954年调解放军第一公安干校学习，1957年毕业后分配在原广州军区干部训练团八连任指导员。1958年8月调广东军官教导大队工作，先后任训练处政治理论教员组组长，一、三中队指导员（营级）。1964年8月调英德县人民武装部任副政治委员。1967年"文化大革命"期间，任英德县英德核心小组成员。1969年5月调任韶关市地区教育局副局长。1983年10月至1992年任韶关市计划生育委员会副主任（正处）。1985年至1990年，在职坚持自学中山大学哲学，本科毕业。同时自学人口理论，兼任韶关市人口学高等教育自学考试辅导站站长。

（四十二）许建凰

许建凰，1929年7月出生，湛江市东海岛镇什石村人。

1941年至1945年在觉民小学读书时，参加了共产党领导下的外围组织。1946年3月至1947年3月参加中国人民解放军粤桂边纵队，随黄鼎如所带领的部队行军作战，时任黄鼎如的勤务兵。1947年4月至7月在东海岛什石村地下交通站任站长。

1947年8月在廉江县工作，同年11月在青平交通站加入中国共产党，后调到博教区工作。1950年11月在安铺区任组织委员兼永同乡指导员。1951年6月调到廉江县土改队，时任队长，曾获得"先进工作者"称号。土改后在铺洋区任区委书记，后任县委委员、农村部渔业部副部长。

1959年7月，任湛江地区稔仔坪煤矿党委书记（副处级），1960年7月在湛江地委专署工业部任科长。

1960年8月任中共钦州县委常委兼康熙领公社党委书记，1963年任附城区委书记。"文化大革命"期间，受到迫害，被逼离开工作岗位。1979 年在钦州县任科协主席。

1981 年 11 月在湛江市财办任知青农场党委书记。1984 年 9 月在湛江市坡头区任人大常务委员会副主任。1999 年 4 月离休。

（四十三）林理仁

林理仁，1929 年 11 月出生，湛江市东海岛民安镇官僚上村人。

1946 年毕业于觉民中学，在学期间加入地下游击小组，参加青年学生的进步活动。后在遂溪椹川中学及湛江市立第一中学读高中。1947 年加入中国共产党，1948 年被派到粤桂边区从事地下工作。新中国成立后，林理仁被安排到广西合浦北区基层任乡支部书记、区委书记，后调广西壮族自治区区委组织部任职。20 世纪 50 年代中期被派往海外从事过多种职业。数十年一直在海外工作，先后踏足西欧、北美、大洋洲的 18 个国家，离休后定居新西兰。

（四十四）沈兆伍

沈兆伍，1933 年 5 月 5 日出生，湛江市东海岛东山镇调那仔村人，中共党员。

1946 年 8 月至 1947 年 1 月在湛江市一中就读，1947 年 2 月在觉民中学读初一，1947 年 9 月至 1949 年 6 月在湛江市正义中学就读至初中毕业。1949 年 8 月至 1951 年 7 月在益智中学就读，1951 年 8 月至 1952 年 6 月于湛江市二中高中毕业，由市教育局保送到广东省中等学校政治辅导员训练班学习，后分配到廉江师范学校任政治教师。

1955 年 6 月于华南师范学院政治系教育专业毕业后，历任海南行政区文教处人事科科员，中共海南行政区党委马列主义讲师团中级组理论教员，中共海南行政区党委宣传部理论教员，海南行政区党委《红岛》杂志编辑，海南劳动大学党委委员、教务科长，海南枫木五、七干校革委会政工组副组长，海南地区革委会教育组负责人，海南教育局副局长、局党组书记、局长，海南教育学院党委书记、院长。

1985 年 6 月调到广东省行政管理干部学院任党委书记兼副院长，直至 1996 年 2 月退休。

东海岛、
硇洲岛
历史研究
DONGHAIDAO、
NAOZHOUDAO
LISHI YANJIU

（四十五）何坚

何坚，1938 年出生，湛江市东海岛调旧何屋井村人。1951 年 9 月进入东海觉民小学读六年级，1952 年 9 月进入湛江市第三中学（现觉民中学）读初中，1955 年 9 月进入海康县第一中学读高中，1958 年高中毕业，同年 9 月进入北京体院（五年制大学）读书，1963 年毕业后被分配到中山大学任教，1965 年被评为中山大学先进工作者。1970 年 2 月起，调到广东省教育厅工作近 30 年，历任体育卫生和艺术教育处副处长、处长，人事处处长，省教育厅副厅巡视员兼任职称改革办公室主任等职，曾是省教育厅领导班子成员。1999 年退休。

（四十六）沈彭

沈彭，1942 年 6 月 25 日出生，湛江市东海岛民安镇大熟村人。1955 年至 1959 年，在湛江市第六中学读书。

在部队服役期间，受过 20 多次嘉奖和通报表扬，荣立 3 等功 1 次，被评为先进个人和优秀共产党员。1983 年，被原广州军区破格提升为广东省军区副参谋长。1986 年 9 月至 1988 年 7 月就读于中国人民解放军国防大学。在毕业演习中，他被学校任命为红军第 14 集团参谋长。所撰写的游击作战计划，被评价为："十分好，是个游击专家。"演习结束后，总导演评价是：红军演练指挥稳健、沉着，能把握全局，关照重点。红军最突出的是两件事：一是政治工作活跃，二是人民战争思想体现好。毕业演习总评价为："红军决心方案优等。"这次演习被新华社主办的《瞭望周刊》1988 年第 12 期以《将军的摇篮》为主题进行报道。其中一组照片是《学院在指挥多兵种协同进行的"战争"》，突出了沈彭沉着稳健指挥作战的形象。国防大学毕业时，沈彭被学校评为优秀学员。1988 年被授予大校军衔。

1992 年转业到地方后，任广东省国土厅、广东省国土资源厅副厅长。2002 年被选为广东省土地学会第四届理事长。2003 年退休后，被北京师范大学珠海不动产学院聘为特邀教授。

（四十七）吴周春

吴周春，1951 年出生，湛江市东海岛东简镇人。

1970 年 7 月从湛江第六中学高中毕业后，同年任湛江市东简公社东南大队团支部书记，后任大队革委会副主任兼团支部书记，1971 年 6 月加入中国共产党。1971 年 10 月至 1972 年 8 月任湛江市东简公社新南大队党支部副书记兼政治教导员。1972 年 8 月至 1976 年 1 月就读于华南理工大学发配电专业，读书期间先后任副班长、班团支部书记、班党支部书记。1976 年 1 月至 1979 年 11 月先后任湛江地区供电公司线路工区技术员、设计室技术员、变电工区技术员，工区党支部组织委员，兼任公司团委书记。1979 年 11 月至 1984 年 6 月 19 日任湛江地区电力工业局（1984 年 5 月更名为湛江供电局）输电工区助理工程师、工区负责人。1984 年 6 月至 1990 年 5 月任湛江供电局局长、党委委员、工程师，后兼任湛江市经济委员会副主任。1991 年 5 月至 2000 年 6 月任广州供电局（电力工业局）局长、党委书记（副厅级）、高级工程师，兼任广州市三电办公室副主任。2000 年 6 月至 2002 年 1 月任广东省电力（电网）集团公司副董事长、党委委员，兼任广州电力工业局局长、党委书记。2002 年 1 月至 2003 年 3 月任广东省广电集团有限公司副董事长、党委委员，兼任广东省广电集团有限公司广州供电分公司总经理、党委书记。2003 年 3 月后任广东省广电集团有限公司（广东电网公司）总经理、党委委员（正厅级）。

（四十八）黄小玲

黄小玲，女，1955 年 10 月出生于湛江市区，祖籍湛江市东山镇什二昌村，研究生学历，硕士。1977 年 12 月加入中国共产党。

1978 年 3 月至 1982 年 12 月就读于广州中医药大学医疗专业。1982 年 12 月至 1996 年 1 月，在广州中医药大学工作，先后任医生，校团委书记（讲师），党委组织部副部长、部长，中药系党总支书记、副主任（副研究员）。1996 年 1 月至 2002 年任广州中医药大学党委副书记兼任校纪委书记、研究员、教授和附一院党委书记。2002 年 2 月至 2003 年 3 月在广东药学院任党委书记（教授）。2003 年 3 月至今，任广东省卫生厅党组书记、副厅长。

先后发表论文 30 多篇。其中《应用心理学系列研究与实践》获 2001 年广东省级优秀教学成果 2 等奖；《大学生心理卫生网络课程、音乐心理疗法》获 2001 年全国中医药院校优秀网络课程与多媒体 CAI

课件 3 等奖。主编《家庭常用中药材彩图手册》广东高等教育出版社初版（2002 年 1 月发行）、《家庭中医术求诊手册》广东科技出版社（2002 年 1 月发行）、《中医师手册》羊城晚报出版社（2002 年 11 月发行）、《中药材饮片鉴别词典》羊城晚报出版社（2004 年 5 月发行）。

（四十九）庄宏华

庄宏华，1956 年 8 月出生，湛江市东海岛东山镇人。

1973 年于湛江市第六中学（觉民中学）高中毕业后回家务农。1974 年入伍后，历任原成都军区某步兵团特务连战士、班长、文书，1978 年后任排长、连长、副营长、副处长，1982 年任陆军某步兵师战勤参谋，1983 年调任某军（集团军）战勤参谋。1986 年 3 月调任原成都军区联勤司令部副团职参谋，1990 年 10 月任首长秘书，1993 年任原成都军区联勤部办公室主任，1997 年任某集团军炮兵团团长，1998 年 7 月任原成都军区联勤司令部副参谋长，被中央军委授予大校军衔。2001 年到海军某舰队潜艇某支队学习锻炼，2004 年任空军导弹某旅旅长（挂职锻炼一年）。

（五十）王开瑞

王开瑞，1942 年 7 月 26 日出生，湛江东海岛北山上村人。1958 年在湛江第六中学（现觉民中学）读初中，1961 年读高中。1962 年参加中国人民解放军。

1963 年在广西十万大山参加"围剿"台湾国民党特务的战斗。1964 年至 1970 年 1 月在守备 112 团历任班长、排长。1970 年 2 月调广西军区政治部组织处任干事。1972 年下半年调原广州军区政治部、组织部任干事、组织处副处长。1974 年，我国收复西沙群岛的战斗打响，他参加了解放军总部组织的联合工作小组。

1979 年，我国对越自卫还击作战期间，他参加了我军广西方向的前线指挥部工作，负责部队政治思想动员，前线立功授奖以及安置烈士、伤员。对越自卫还击作战结束，部队撤出前，他又参加了解放军总部组织的中越双方交换战俘工作。在半年时间里，在广西凭祥零千米处分 5 批交换完战俘。1985 年，他被任命为原广州军区党史办副主任（副师），同年，原广州军区派他参加武汉军区善后办工作（当时武汉军区撤销，归编原广州军区），担任政工组副组长。善后办工作结束后，1987 年回原广州军区任政治部直属党委纪委书记。1988 年，中央军委授予他大校军衔。1989 年，任广州军区党的纪检部副部长。

1991 年，他转业地方，在广东省工艺美术总公司任总经理兼党委书记。1996 年，他调任广东省二轻业供销公司总经理，经过 4 年的改革开拓，公司的贸易额从 3 亿元上升到 7 亿元，使公司跨入了国家大型企业的行列。

2003 年退休。

（五十一）谢泗维

谢泗维，1937 年 3 月 7 日出生，湛江东海岛民安镇文亚村人。

1949 年 7 月毕业于东海岛水流沟小学，1952 年 7 月于觉民中学初中毕业，1955 年 7 月于湛江市第二中学高中毕业，并考上唐山铁道学院（今西南交通大学）。

1958 年 12 月加入中国共产党。1959 年大学毕业后，留校任教至今。职称教授，曾任机械系主任，是全国机械原理教学研究会委员，四川省机械工程学会委员。1986 年获四川省科技进步成果 3 等奖，2000 年获铁道部优秀教材 2 等奖，2001 年获四川省教学成果 3 等奖。

1984、1990 年在美国 ASME 学术会议上发表论文共 2 篇，1989 年在第五届 IFTOMM 国际学术会议上发表论文 1 篇。在国内刊物或会议上发表论文 20 多篇。获准专利 3 项。1998 年编著《机械原理》，被教育部评为面向 21 世纪的教材。培养研究生 12 名。1997 年退休。

（五十二）符绩桃

符绩桃，1942 年 12 月出生，湛江市东海岛东简镇水洋村人，祖籍海南省文昌市。国防大学教授。

1953 年之前在庵里小学读书。1953 年 9 月至 1954 年 7 月，在觉民小学读六年级。1954 年 9 月至 1960 年 7 月相继在觉民中学、雷东县第一中学、湛江第六中学读过书。1960 年 9 月至 1965 年 7 月攻读北京大学数力系。

大学毕业后，1965 年 8 月至 1970 年 10 月，在哈尔滨军事工程学院任教；1970 年 10 月至 1978 年 9 月，被调到长沙工程学院从事教育工作；

1978 年 10 月至 2004 年，在国防大学从事高等数学研究和教学工作。

（五十三）陈那福

陈那福，1946 年 9 月 30 日出生，湛江市东海岛东山镇东山圩人。1953 年至 1959 年在觉民小学读书，1959 年至 1965 年在军民中学读书，1965 年至 1969 年在广州中山大学外语系就读。中山大学教授。

在小学、中学、大学读书期间，多次获得学校优秀学生等奖励。大学毕业后留校任教，长期从事大学的外语教学工作。在教学、科研、管理工作中，成绩显著，多次获得学院董事会奖，学院先进集体奖、学院教师奖、陈世贤奖以及学校先进工作者等奖励。曾应邀到中国香港、美国、法国等多个地区和国家的大学作访问学者。现定居美国。长期以来，除大学的外语教学工作之外，同时进行英语、法语比较语言学的研究，成果颇丰。已出版的英语与法语的主要著作有：北京外文出版社的《实用课堂英语一千句》《英语数学的基本读法》《法语语音》；商务印书馆的《拿破仑时代》（上、下册，集体翻译）；广东省语言音像电子出版社的《英语语音基础训练》《英语国际音标与语音训练》《纠正英语口语错误》《法语日常用语》《这些英语数字你会读吗》《英语语音入门》；中山大学出版社的《英语法语变通教程》（上、下册）、《初级英语语法训练》（主编）、《英汉汉英实用现代海关词典》（英文责任编辑）、《华客文化》（英文责任编辑）；广东高等教育出版社的《初级英语语法学习册》（主编）；广东海燕音像出版社的《法语语音入门》；广西教育出版社的《汉英旅游会话手册》（英文翻译）；深圳海天出版社的《十世班禅》（英文审校）。

（五十四）林明耀

林明耀，1935 年出生。湛江市东海岛官僚上村人。

1953 年从觉民中学初中毕业，随后到广东第八卫校学习。1964 年毕业于广东医药学院医药疗系。工作期间分别到中山医科大学、同济医科大、华西医科大和北戴河疗养院进修，1993 年被国家派往美国仁爱医院和嘉惠尔亿元学习。

在职期间，分别在海南人民亿元、海南干部疗养院、中央四清工作团驻云南医疗队、国防通讯部（后交地质部）属下 701 矿医院工作，并任 701 矿医院院长及兼一届地矿南海局卫生处处长。期间还兼任地矿部全国卫生高级职称评审委员、中国劳保学会地勤卫生常委委员、中国管理科学研究院特约研究院、海南省中西医结合学会主任理事、白求恩医大志成科技驻琼教授。

在医学研究方面，在省级刊物上共发表论文 15 篇。在担任 701 矿医院领导期间，该院曾两度被评为广东省卫生先进集体。1990 年其个人受地矿部表彰，1994 年荣获第三届全国医院优秀院长称号，并出席北京表彰大会。

（五十五）李海

李海，1948 年 7 月出生，湛江市东海岛民安镇三盘村人。1962—1968 年就读于湛江第六中学。1970 年后分别在民安镇西湾学校、民安中学、湛江市第八中学任教。1982 年 7 月毕业于雷州市范专科学校数学系，并被调入湛江市第四中学任教，先后任教导主任、副校长、校长。1994 年被评为特级教师。还多次当选省、市、区人民代表及党代会代表。1996 年至 2006 年 8 月任霞山区教育局局长，2001 年 8 月兼任霞山教育局党委书记。2003 年 3 月任霞山区政治协商委员会副主席。由于工作成绩显著，被上级授予省劳动模范、南粤优秀教师特等奖、南粤杰出教师、全国优秀教育工作者等荣誉称号。

（五十六）陈方

陈方，1938 年 12 月出生。湛江市东海岛民安镇山头村人。1956 年于雷东县第一中学（即原觉民中学）初中毕业，1959 年于广东雷州师范学校毕业，同年参加教育工作，1970 年加入中国共产党。

1959 年至 1985 年先后在湛江市第九小学、湛江市第七小学任教，先后任教导主任、副校长等职，并兼任湛江市霞山团总支副书记等职。1985 年至 1999 年在湛江市霞山区教育局工作，任教研室副主任、机关党支委职，兼任广东省小学语文理事会、湛江市小学教育学会副会长、湛江市思想品德课研究会常务理事、湛江市小学语文常务理事、湛江市家教会理事、湛江市关工委委员等职。在任职期间，被评聘为中学高级教师（语文）、并荣获广东省特级教师、湛江市霞山区十大专业技术拔尖人才的荣誉称号。退休后继续为人民教育事业发挥余热，分别任市家教会理事，区、市关工委委员等。

（五十七）沈时诚

沈时诚，东海岛西山村人，1928年12月出生。1939年至1940年在东海新觉民小学读书，老师是沈斌（地下党员）。1941年上半年至1943年在东海新觉民小学读书。1943年下半年，在东海觉民中学读书，中途离校参加革命活动。1943年加入中共领导的抗日游击小组，翌年4月正式参加革命工作，任雷州党组织领导人沈斌同志的机要交通员，并参加"湛江广汇行""海康广汇庄"地下交通站工作。1948年被调入粤桂边纵二支队任财粮金库助理。1950年任湛江军事管制委员会财粮干事、贸易公司股长。1952年任海康县贸易公司副经理、徐闻县外贸局长、科长等职。1959年加入中国共产党。1979年任湛江地区畜产品进出口公司党委书记兼总经理。1984年离休，离休后组建广东山河集团有限公司。1995年，建康益广场（现名皇冠假日酒店）。曾获得中共中央、国务院、中央军委颁发纪念中国人民抗日战争胜利六十周年的纪念章。曾发表过《忆广汇行话当年》，该文于2006年在《湛江文史》第25辑登载；并出版《夕阳红——我的人生轨迹》一书。

下　篇
硇洲岛历史研究

一、硇洲岛基本概况

（一）地理概况

硇洲岛位于东经 110°35′、北纬 22°55′，地处湛江港湾口与雷州湾口之间。岛略呈长方形，似盾状，长 10.47 千米，宽 4.14—6.94 千米，海岸线长 43.99 千米，面积约 56 平方千米，海拔 81.6 米。此岛四面环海，东面面对浩瀚的南海，西南与海南省隔琼州海峡相望，西傍雷州湾，西北扼全国著名深水良港湛江港，为湛江港东南屏障。硇洲石多，孤悬海中，有"依石击匈奴""海上浮明珠"之句，故名。

硇洲岛是在 20—50 万年前海底火山喷发，火山喷发物堆积突露海面而形成的火山岛，经历了形成、激烈活动和衰微死亡的过程，属于死火山类。此岛由玄武岩夹凝灰岩构成，岛岸曲折，无明显棱角，沿岸多为岩石滩，多礁，只有一些小港湾为砂质滩。岛东海岸有受海浪冲蚀的崖壁，形成一个长约 2 千米、高 10 至 20 米的石林带，陡峭险高，怪石嶙峋，千姿百态。岛内苍松绿椰，一年四季绿荫森森，气候温和。沙滩洁白细腻，湾内风平浪静，海水碧澄，是天然的海滨浴场的最佳场所。

硇洲岛四面环海，海洋资源、地下热矿水资源非常丰富。硇洲地处北回归线以南的低纬地区，属热带和亚热带季风气候，终年受海洋气候的调节，冬无严寒，夏无酷暑。年气温一般为 22.7℃—23.3℃，年日照

东海岛、
硇洲岛
历史研究

DONGHAIDAO、
NAOZHOUDAO
LISHI YANJIU

时数一般为 1817.7—2106 小时，年降雨量一般为 1417—1802 毫米。气候条件、口岸条件都很优越，具有十分广阔的开发前景。

（二）历史沿革

1278 年宋帝赵昺升硇洲岛为翔龙县，属化州；元朝初翔龙县并入吴川县，硇洲作为县治两年；1947 年设置硇洲区，由湛江市政府管辖；新中国成立初属东硇特区。

（三）主要物产

1. 硇洲鲍鱼

作为硇洲特产之一的鲍鱼，其肉味美、爽滑，营养价值颇高，可谓名贵海珍。在南门海国，人们习惯把它称之为鲍鱼，但其实它是一种单贝壳动物，属软体动物腹足纲，鲍科，并不是鱼。据有关资料的记载，世界上有桃红、黄、蓝、绿、杂色、皱纹盘等 100 多种鲍，而硇洲鲍鱼是杂色鲍，因其贝壳有着美丽的彩纹及九个气孔，有人又称之为九孔螺。它的特性是喜欢水色明澈、海潮畅通的地方，栖息于水深 20 米左右的岩缝礁洞。

硇洲鲍鱼之所以驰名远近，饮誉五洲，成为这里的名贵特产，应归功于自然伟力。在冰川纪元末，喜马拉雅造山运动使硇洲离开大陆板块，沿海地区岩洞叠起，礁丛遍布，浮藻繁茂，水清波恬，海水温度适中、咸度处于 2 波美，给鲍鱼营造了一个极其良好的生长环境。可以说，硇洲沿海是一个庞大的天然鲍鱼场，它总面积约五六千亩（1 亩 =666.67 平方米）。一年中，夏、秋两季为捕鲍期，但采捕旺季乃为五月和六月。硇洲人捕鲍很有经验，他们掌握鲍昼息夜游、栖岩局礁的生活习性和活动规律，当他们驾舟捕鲍时候，便全副武装：头戴防水镜，手执长铁钩，跃入海里，潜游水底，循踪礁丛，钩采岩缝。他们辛勤付出，换来肥鲍鱼筐筐。

由于鲍鱼营养丰富，因此价格很高，每斤（1 斤 =0.5 千克）高达400 元。尽管如此昂贵，人们还是争相购买。它不但受国内百姓的青睐，还远销港、澳地区及东南亚各国。在古代，它是历代封建王朝的贡品。在当代，它是国宴上不可少的珍品。目前，为了增加经济效益，硇洲岛群众大力发展养鲍业，除了天然养殖鲍鱼外，还进行人工养殖，扩大鲍鱼养殖面积。真是"满海肥鲍唱丰收，游客驾舟踏浪来"。今后，养鲍业的发展将会为硇洲更添姿添彩，使游客更着迷、神往。

　　2. 硇洲龙虾

　　桂林漓江的河蟹，以其清香爽口而令人叫绝；古岛硇洲的龙虾，则以其味美肉滑而令人啧啧称奇。它着实给来硇洲的游客增添了不少游趣，所以人们把它与鲍鱼、风物称之为硇洲"三宝"。

　　硇洲龙虾，形似人们传说中的神童古龙，全身披蓝挂绿，头部长满利刺，眼睛上部的双刺尤为锐利，仿佛专为防范而生的。顶部长着一对带刺的长须和一对青白相间的美丽的"丫"形彩色短须，头部的下面长有六对长足，十分灵活，其主要功能是捕捉食物和游动。身体的中部共分六节，能伸能弯，运动自如。腹部的四对短翼和尾部的五扇，助于游动、搏击。它们在海里遨游嬉戏，时而钻入水底，时而露出水面，时而侧身，时而仰面，令驻足观看的游客个个乐而忘返。

　　龙虾的生活习性和活动纪律几乎与鲍鱼一样，生活于水深 3—20 米左右处，且喜于潮流畅通、水清波平的地方，惯栖礁丛岩缝。每年 6 至8 月为捕捉旺季。由于它是浮游动物，而且生性机灵、敏捷，游速快，很难捕捉，所以每次捕获量很少。硇洲人捕捉龙虾有两种方法：一是徒手捉，二是撒网捕。每到捕期，捕捉者身着防水衣，眼带防水镜，潜入水底，窥视行踪，趁其游兴正浓时冷不防用手将它捉住。捕捉者一旦被它发现，它便箭一般地钻入岩洞礁丛，或隐蔽于烂泥中。由于徒手捉法较为困难，因此多用网捕。人们将网撒于礁岩周围，风浪撞击它栖息的礁丛岩洞，使它经受不住而走出来自投罗网。但这样会造成捕量过大，生态失调。

　　龙虾含有丰富的蛋白质，肉滑味清，营养价值很高，且可做成标本，供人欣赏。龙虾每斤售价 400 至 600 元，是名贵海珍。它不但是国内抢手海味，而且深受国外青睐，远销五洲。它和硇洲鲍鱼一样，历来是朝廷的贡品。由于产量少，龙虾在国内外供不应求。目前，硇洲浅海近 6000 亩已作为养殖场，既有自然养殖场，也有人工养殖场。硇洲人十分珍视这一名贵特产，请来不少专家、技术员对它进行养殖研究，相信今后大面积的养殖，将会大大提高经济效益。被称为"东方夏威夷"

的硇洲岛，将会更加吸引游客。

3. 硇洲岛大黄鱼

湛江的大黄鱼以硇洲岛、徐闻县东部沿海——琼州海峡北岸为主要产区。大黄鱼曾是我国重要经济鱼之一，为我国传统的"四大海产"（大黄鱼、小黄鱼、带鱼、乌贼）之一。大黄鱼属暖温性集群泅游鱼类，常栖息于水深 60 米以内的近海中下层。浙江、福建沿海和广东琼州海峡东部全年均能见到大黄鱼在浙江、福建沿海，其鱼汛旺季以每年 4 至 6 月为主，广东琼州海峡沿海是 10 月至 12 月上旬为主要渔获期。大黄鱼生殖季节有春、秋两季。生殖期时，鱼群分批从外海越冬区向近海做生殖洄游。幼鱼在近海长大，分散索饵。随着水温下降，部分鱼群游向 60 米等深线暖水处越冬。作为名贵经济鱼类，大黄鱼长期来深受消费者青睐。但因过度捕捞，资源破坏严重。大黄鱼通体黄色，鳞较小、背鳍与侧线有鳞 8—9 行、鳔腹分枝的下分枝与前小枝等长，脊椎骨一般为 26 个。大黄鱼一般体长 300—400 毫米，体重 400—800 克，最大的有 750 毫米长、4 斤重。

大黄鱼在我国主要有岱衢族、闽粤东族和硇洲族三大种族。与闽粤东族、岱衢族的大黄鱼相比，湛江的硇洲族大黄鱼具有成活年龄长、个体大、肉质呈金黄色或虎金色且有光泽、鳃丝清晰呈鲜红或紫红色、眼球饱满、肌肉结实且富有弹性的特点。

4. 硇洲海参

海参，是一种棘皮动物，产于深海。我国沿海出产 60 余种海参，其中可食用的有 20 多种。海参颜色乌黑，肉嫩滑软，富有弹性，可分为"刺参""光参"与"秃参"。

据《本草纲目拾遗》中记载：海参，味甘咸，补肾，益精髓，摄小便，壮阳疗痿，其性温补，足敌人参，故名海参。现代研究表明，海参具有提高记忆力、延缓性腺衰老，防止动脉硬化、糖尿病以及抗肿瘤等作用。海参每年只有春秋两个季节适合捕捞，而且活参上岸后不宜存放，需要加工成渍海参或干海参。加工过程包括剖肚、清脏、蒸煮等。其产生的深绿色液体称为海参煮汁，含有海参多糖、海参皂等丰富营养物质。目前的加工方法把这些海参煮汁全部作为废液排放。

涠洲岛存亮湾出产的天然海参，属一级黑参，是当地渔民在涠洲岛海底石滩潜水捕捉的。"存亮湾渔家乐"——黑沙参炖鸡汤，在制作烹饪过程中，不用化学物处理海参，保留了黑参天然的营养风味，是这里的特色美食。

5. 东风螺

东风螺，俗称花螺、泥螺、南风螺等。它是生活于热带、亚热带海域的腐肉食性浅海底栖腹足类动物，由于其鲜美独特的味道，丰富的营养价值，被公认为是名贵的海产食品。同时，由于具有离水存活期长、耐长途运输等特点，东风螺也是大量销往中国香港、中国台湾和日本等地的海鲜产品。其螺肉干被中国台湾百姓和东南亚华侨视为滋补珍品，鲜螺肉片经急冻加工后远销日本和韩国，深受消费者青睐。

2001年，涠洲岛利用鲍鱼的育苗场地投放了东风螺30万个，通过两年对东风螺育苗技术的深入细致研究，掌握了一整套包括东风螺亲螺的诱导产卵、卵化、幼体培育、椎贝培养等较为系统的人工育苗技术。同时在涠洲岛进行的东风螺海区围网养殖技术也取得了突破性进展，所培育的东风螺生长迅速，成活率高，可以以较快的速度达到商业规格。通过多年的努力，东风螺的规模化育苗及养殖已能在全人工的条件下进行。该技术在我国南方沿海地区推广利用，可促进东风螺养殖业的形成。

6. 涠洲香蕉

涠洲岛地处热带地缘，为海洋季风气候，高温多雨，四季气温变化不大，季温在10摄氏度以上，年平均气温23摄氏度，地下水资源丰富。全岛由火山岩母质形成的赤沙泥土壤构成，质地肥沃，是全国海岛型发展热带水果的黄金宝岛。正是由于如此得天独厚的条件，造就了涠洲"香蕉宝岛"之称。涠洲镇是一个香蕉镇，香蕉种植面积2.8万亩，占全镇耕地面积的86%。涠洲香蕉以优质高产的特点享誉岛外，畅销于黑龙江、内蒙古、新疆、陕西等全国各省，市场竞争力强。

7. 涠洲木菠萝

涠洲木菠萝，学名凤梨，也叫黄梨、番梨，露兜子、婆那娑等。木菠萝是一种热带植物，原产于南美洲，后从巴西传入我国。我国广东黄

东海岛、
硇洲岛
历史研究

DONGHAIDAO、
NAOZHOUDAO
LISHI YANJIU

登木菠萝最为著名，它是具有岭南特色的新品种，现在硇洲很多人都种植该品种木菠萝，不但肉厚、个头大，而且甜似蜜，香如花。

木菠萝营养成分丰富，维生素 C 的含量是苹果的 5 倍，又富含朊酶，能帮助人体对蛋白质的消化。吃肉类及油腻食品后，吃木菠萝最为有益。据科学测定，木菠萝的鲜果肉中，含有丰富的果糖、葡萄糖、氨基酸、有机酸、蛋白质、脂肪、粗纤维、钙、磷、铁胡萝卜、维生素、烟酸等多种营养物质。挑选木菠萝时，应选择香且较重者，用食指弹其皮，以声音清脆坚实为宜。同时要注意果皮的颜色，有 2/3 变黄的才可以吃。

8. 黄皮果

黄皮果，又名黄皮、黄枇、黄弹子、王坛子。果皮色泽金黄、光洁耀目，根据性味，可分甜、酸两个系统，有些品种甜酸适口、汁液丰富而具香味，是色、香、味俱全的水果，可与荔枝相提并论。其叶、根皮及果核均可药用。民间谚语云"饥食荔枝，饱食黄皮"，说明黄皮可帮助消化。

黄皮果喜欢高温多湿的气候，而硇洲岛属热带和亚热带季风气候，很适宜黄皮果的生长。它的花期在 3—4 月，花朵凋谢后立即结果。幼果形状椭圆，颜色深绿，逐渐长大之后，才慢慢变圆、变黄。从幼果到成熟所需要的时间较短，一般不超过半个月。黄皮果的果实是典型的浆果，果肉半透明，多汁多浆，含有大量的维生素。黄皮果看起来像龙眼，还没成熟的时候，青青的，吃起来有点酸味，但不同品种酸味浓厚程度不同。广东人吃这种水果，也采用葡萄的吃法，用力把果肉挤入口中，一般不吃果皮和种子。

黄果皮还有较高的药用价值，叶、果和种子等都可入药，具有消食健胃、理气健脾、行气止痛等功效。果皮可消风肿，去疳积；种子可治疝气、蜈蚣咬伤和小儿头疮。黄皮果种子富含油分，出油率高达 42%，为优良的润滑剂。黄皮果作为一种优质的水果，其果实除鲜食外，还可加工成果冻、果酱、蜜饯、果饼及清凉饮料等。所以，黄皮果在民间素有"果中之宝"之称。

二、宋元时期的硇洲岛

（一）南宋定都经过及相关史实论证

1. 南宋定都纪实

宋景炎二年（1277 年）阴历一月的一天，一队人马分乘着 400 多艘大小船只，沿广东西部的阳江水面直扑雷州半岛南部的硇洲岛。他们便是南宋朝廷最后的遗老遗少，其中就有年纪才 11 岁的南宋小皇帝赵昰和他的弟弟——7 岁的卫王赵昺，和他们的杨太后，以及临时左右辅政大臣一干人等。

原来，自从德祐二年（1276 年）蒙古兵攻入临安，俘虏恭帝及谢、全两太后并宗室官吏而去之后，宰相陈宜中已从杭州逃出，并与大臣文天祥、张世杰、陆秀夫等共同拥立一同南逃的益王赵昰为端宗帝于福州，并开元景炎。后被元兵步步追杀，南宋小朝廷便一路向西南沿海落荒而逃，至珠江口岸一带，留下文天祥于陆路抵挡元兵，张世杰、陆秀夫拥帝向广东西部沿海水路逃走，直至落脚在硇洲岛，以图厉兵秣马，东山再起。

斜阳黄昏，本来就有病在身的小皇帝赵昰骑着一匹雪青马，由陆秀夫牵着缰绳开路，率一行人马爬上岛来，已是人困马乏，又饥又渴。端宗帝毕竟只是个 11 岁的孩子，抵挡不住一路的舟车劳顿，上到岛上就嚷嚷口渴，这可吓坏了一帮辅政大臣：这本来就荒凉的海岛四面都是咸涩的海水，所有的将士都在嚼草根树叶解渴呢，一下子到哪儿去给小皇帝弄来淡水呢？正在这时，据说那匹雪青马嘶嘶刨蹄嘶叫，转眼间，那马蹄刨过的脚下，呼呼地喷出了一眼丈多高的泉水来！

陆秀夫大喜，大叫道："此乃天不亡我大宋也！"忙命人于泉眼处取了水来给端宗喝，又令就此安营扎寨，并速速将此泉修整成八角形大井，以供军民今后驻守享用。惊魂未定的南宋朝廷在这小岛上树林密荫的中心处，选了一个僻静的村子暂作行宫住了下来。小皇帝的"宫殿"就设在村子的一座不大的祠堂里。

驻下不久，心神不宁的杨太后就将张世杰、陆秀夫召集到小皇帝的

东海岛、
硇洲岛
历史研究

DONGHAIDAO、
NAOZHOUDAO
LISHI YANJIU

"行宫"里，商议军机大事。实际上，此时的南宋朝廷已是朝不保夕。东南基本沦陷，只有重庆知府兼四川制置副使张珏，还在川中坚持抗元。襄阳守将吕文焕早已投靠了蒙古，权臣贾似道拥13万重兵于长江，慑于元军汹汹来势，不战自溃。蒙古兵由大将史格率部南扫粤桂，遣张弘率水军沿南海西下，企图把南宋朝廷一举歼灭在华夏最南端的南海之滨。

由于皇帝还小，实际上是由杨太后摄政。众人一番商议，决定首要的大事是由皇帝立即下诏，命百里之外的雷州都督曾渊子直接领一队兵马和粮草，到岛上来听遣。

此时，蒙古大将史格所部仍然没有攻到雷州，这里依然是大宋的最后一块国土。雷州都督曾渊子，曾于宋恭帝时出任同知枢密院事，由于元兵迫近临安而弃位南遁，于德祐元年（1275年）被削职据居雷州府。他见皇上诏书，不敢怠慢，连忙征集一批官员、船只和粮草，亲自押送到硇洲岛上，晋见皇帝；并宰猪杀羊，摆下多桌水酒，给小皇帝压惊和慰劳将士。皇上令曾回去于雷州北部严密布防，随时全力抗击元军入侵。

或者是一路的奔波劳碌，担惊受怕；或者是小皇帝从小娇生惯养，不适应南方的气候和水土；又或者是气数本该已尽，端宗皇帝本来就有病的身体愈加沉重，直至高烧和吐血，任何药石也无济于事。春天还没有结束之时，年仅11岁、才"登基"两年小皇帝赵罡就驾崩于硇洲岛上。虽然是亡国之君，却还是建筑了一个很大的皇陵来安葬这位小皇帝。埋葬了端宗，杨太后觉得国不可一日无君，端宗过完头七，她便召来张世杰、陆秀夫几位大臣商议，定立由赵罡的弟弟、年纪才7岁的卫王赵昺为皇帝，杨太后垂帘听政，设陆秀夫为左丞相、张世杰为右丞相，共同辅佐幼小的皇帝执政。于是就择了黄道吉日，在阴历三月上旬的一天，为赵昺的登基典礼。尽管是萧条皇室，落难皇帝，他的登基典礼还是搞得很隆重的，还举行了肃穆的祭拜天地海的仪式，祈祷南宋江山永远不倒，吾皇万岁万岁万万岁。说来也奇怪，仪式正在进行的时候，突然海上破涛汹涌，海雾蠕动，东南的海面上似有黄龙奔腾而过，众子民纷纷下跪叩拜。杨太后和众臣以为这是紫气东来、瑞气祥云，是南宋江山得以保佑的征兆,于是就和众臣商量,由皇帝赵昺下诏,于1278年改元为祥兴,擢升硇洲岛为祥龙县。

由于史格所率领的蒙古大军不适应南方的气候,于粤桂边时,军中发生瘟疫,所以推迟了进攻的速度;也由于文天祥的英勇善战,从广东沿海西下的张弘元兵被阻挡在珠江以东一带,所以羁留在硇洲岛上的南宋朝廷就有了一段短暂的苟延残喘的时机。皇帝所在的小岛,又开始歌舞升平起来,似乎忘了大敌当前的危险。

好景不长,祥兴元年初,元军大将史格率部从粤桂边杀到了雷州半岛,长驱直入雷州府城,势如破竹,不可阻挡。夺城后又屯兵积梁,制造战船,准备适当的时候攻打硇洲岛,彻底捣毁宋室皇朝。虽然曾渊子率部顽强抵抗,但无奈敌众我寡,只得弃城逃走,统部人马、粮草和船只,渡海逃到硇洲岛,负荆向皇上请罪。张世杰一定要治他的死罪。杨太后虽然气愤,但念其拼死抵抗,也不想此时此刻损兵折将,就令其跟从右路副将张应科、王用再度发兵攻打雷州府,企图夺回此城。

谁料张、王二人出师不利,节节败退,最后王用投降了元兵,张应科战败身死,宋军大溃。这时,有勇无谋且刚愎自用的张世杰再次点兵数万,亲自率领攻打雷州府数日,官兵死伤无数,尸横遍野,血流成河,付出了沉重代价后,终于拿回雷州府。可是过了不久,元兵再度围困城府,围而不打。城中断水断粮,士兵以草木充饥,饿毙者无数。张世杰无奈只好浴血突围,率残部匆匆撤回硇洲岛上。

张世杰撤回岛上,皇上和太后即使有怨恨在心,却并没有治他的罪。因为他们知道忠臣已经不多了,在这个时候不能自己伤了元气。张谢过皇上的不杀之恩,与陆秀夫重新视察了岛上的环境,布防好兵力,严防史格率兵渡海攻岛。硇洲岛上的形势,一日比一日严峻,小朝廷实际上仅有这个小岛的领土了。张世杰凭着多年带兵打仗的经验,觉得硇洲岛这个地方,攻和守都非常难,并且孤立无援,南宋小朝廷在这里难以长久盘踞。况且雷州半岛那边,史格正在厉兵秣马、造船打艇,跃跃欲试要攻过海峡、踏平硇洲岛,拿下小朝廷。三番斟酌后,他与陆秀夫一道,向太后提出了沿海路向东,朝新会的崖山寻找更佳落脚点的奏折,并获准。

东海岛、
硇洲岛
历史研究

DONGHAIDAO、
NAOZHOUDAO
LISHI YANJIU

于是，南宋朝廷率 20 万兵众，在一个有雾的早晨，悄悄地乘船沿水路东上。新会的崖山同样孤立于海中，但离潮阳和广州都各有 400 里，与奇石莽山相对，犹如天生的两对海门。潮汐从这里出入，可以藏住船只和兵马，既有天险可守，又便于隐蔽、流动作战。小朝廷拥着赵昺皇帝沿海到了新会崖山，张世杰就派人往山里砍伐竹木，建筑了 1000 多间的军屋，小部官兵住海岸，大部住海上的船上。其中还建造了一座行宫，正殿名叫"慈元"，为杨太后的住所。有了新的行宫，宋皇就下诏升广州为祥兴府，并下令广州附近各群调拨粮草，横征暴敛以供应大多住在船上的官兵奢用。此时文天祥正在伶仃洋对元兵做殊死抵抗，珠江口西海没有元兵的足迹，一时也必将安全。但是陆秀夫提出居安思危，皇上就令张世杰夜以继日地操练士兵，制造船只和兵器，构筑攻防工事。

连连征战流徙，20 万军民早已疲惫不堪，现在又要劳筋累骨，于是便怨声四起、军心不稳。恰巧在这时，有一颗硕大的流星坠落南面的海上爆炸，响声如雷，被视作不祥之兆。加上天气炎热，队伍中发生瘟疫，兵士死了不少。此时先后传来了重庆知府张珏在重庆保卫战中被元军所俘，于解送燕京途中解弓自缢而死的噩讯，以及文天祥在潮阳被元军所俘，宁死不屈，英勇就义的消息，军心就更加动摇了。

一天，众大臣在杨太后的"慈元"宫辅皇议事完毕，陆秀夫闷闷不乐，回家后举杯与妻对饮。陆秀夫是个儒将，从心底认为：从全局来看，宋朝的大势已去，虽然有忠臣良将拼死力挽也无济于事了。更何况张世杰虽然忠勇可嘉、百折不挠，但到一处攻一处，有勇无谋，不及文天祥思虑周密、可进可退，具有总揽全局的才华。元人大兵将至，南宋朝廷的覆灭已是指日可待。言毕，夫妻抱头痛哭。

陆秀夫的估计没错，文天祥一死，元军在大将张弘的率领下，气势汹汹地沿水陆两路进发，朝新会的崖山追剿而来，他要做最后剿灭南宋皇朝的元朝大英雄。

为防不测，陆秀夫曾经给张世杰提议过，请他做好可进可退的两手准备。可是张世杰一意孤行，不听他的劝告，恐怕宋军官兵久留海上，会发生离心兵变，就命人将战船千条用铁链连串结锁起来，排成一字形，并抛锚固死于海中。小皇帝赵昺住在中间的大船上，每天都有千只游船巡哨，还有千只中大型的涂满海泥防火烧的战船死守住海门。同时在四面的战船上都建有楼栅，看似城墙一样坚固。此等布防，看似固若金汤，实际上是在作茧自缚！

未几，元兵果然大举挥师来攻崖山。但是，由于崖山两海门北边水浅，元军初又不熟水战，连攻数次，皆因船搁浅而不能得之。后来有降元军的汉人献计给张弘采纳。张下令元军由崖山东移乘船向南，先入大洋，然后突然调头，向北朝张世杰的船队扑过去，乘着涨潮时随着南风大浪直冲入海门内，并于东、西、北三面断了宋军的后路。

初战，由于宋军的战船坚固无比，元军数攻不下，就以下船铺满茅草，浇上牛油，乘风防火纵船烧之。可是宋军的船只上都涂上了海泥，又打掉了阻挡敌船前进的长木头，所以元军的火船根本不能接近。张弘一时毫无办法，就想诱降张世杰，被严词拒绝。张弘心生一计，令兵死守住海门，断了宋军的粮草和淡水。这最后也是最致命的一招，终于导致了南宋的灭亡。

宋兵断粮断水，饥渴难耐，饮海水止渴充饥，腹泻呕吐者无数，军力大减。张世杰率部日夜大战，终因腹背受敌，寨破而败。恰巧日暮，风雨交加，张世杰见大势已去，命官兵斩断船缆，组织了 16 只战船准备夺港突围。陆秀夫则企图去解开宋皇船只的铁环结，可还没解开，元兵就杀到跟前。陆秀夫一声哀叹："大宋亡矣！"遂命妻儿率先跳海自尽，自己则背上才 9 岁的赵昺皇帝偕文武百官和后宫百人一同跳海，顷刻淹没在万顷波涛间。

张世杰虽然突围杀出来，并率余部逃往越南，但在北部湾遇上台风，舟倾人亡。南宋朝廷至此彻底灭亡了。

附：

宋景炎三年三月，文天祥以弟璧及母在惠州，乃趋之。收兵出海丰县，次于丽江浦。文天祥取惠州，广州都统凌震转运，判官王道夫取广州，昺欲往占城，不果，遂驻硇洲，遣兵取雷州。曾渊子自雷州来，以为参知政事，广西宣谕使。汉军都元帅李庭，自愿将兵击张世杰，从之

东海岛、
硇洲岛
历史研究
DONGHAIDAO、
NAOZHOUDAO
LISHI YANJIU

广南西道宣慰司遣管军总管崔永、千户刘潭、王德用招降雷化高三州，
即以崔永等镇守之。益王昰迁于硇洲，香山义士马南宝献粟千石饷军。

景炎三年四月，昰殂于硇洲，立卫王昺为主，以陆秀夫为左丞相，
是月黄龙见海中。

景炎三年五月朔，帝即位于硇洲，太后杨氏同听政，改元祥兴，升
硇洲为翔龙县，隶化州，寻升广州为翔龙府。端宗崩，群臣多散去，陆
秀夫曰：度宗皇帝一子尚在，将焉置之，古人有以一城一旅中兴者，今
百官有司，皆具士卒数十万，天若未绝宋，是不可为国耶。众共立帝
时，年八岁。告祭天地宗庙，遣张世杰、赵潜、曾渊子、陆秀夫、苏刘义、
刘鼎孙等行礼，谥景炎帝孝恭仁裕慈圣睿文英武勤政皇帝，庙号端宗。

【景炎帝遗诏】

朕以冲幼之资，当艰危之会。方太皇帝之南服，黾勉于行；及三宫
胥而北迁，悲忧欲死。卧薪之愤，饭麦不忘；奈何乎人，犹托于我？涉
瓯而肇霸府，次闽而拟行都，吾不乐乎为君，天未释于宋。强膺推戴，
深抱惧惭！

而敌志未厌，氛祲甚恶，海桴浮避，澳岸栖存。随国步之如斯，意
时机之有待。乃季冬之月，忽大雾以风，舟楫为之一摧，神明拔于既
溺。事而至此，夫复何言？矧惊魂之未安，奄北哨其已久。赖师之武，
荷天之灵，连滨于危，以相所往。沙州所何，垂阅十询；气候不齐，积
成今疾。念众心之巩固，忍万苦以违离。药非不良，命不可逭。

惟此一发千钧之重，幸哉连枝同气之依。卫王某，聪明凤成，仁孝
天赋，相从险阻，久系本根。可于柩前即皇帝位，传玺绥。丧制以日易
月，内庭不用过哀，梓宫毋得辄置金玉，一切务从简约。安便州郡，权
暂奉陵寝。

呜呼！穷山极川，古所未尝之患难；凉德薄祚，我乃有负于臣民。
尚竭至忠，共扶新运。故兹昭示，想宜知悉。

【祥兴皇帝诏】

祥兴皇帝诏曰：朕勉承丕绪，只若令猷，皇天付中，国民既勒用。

德圣人居大宝值曰：守以仁藐，兹幼冲，适际危急，惟我朝之圣神继统，而家法以忠厚传心。先皇帝聪明出群，孝友天性，痛愤三宫之北，未尝一日而忘，遗大投艰，丕应溪志除凶刷耻，惟怀永固。以赵孤犹幸仅存，盍使祧之主，以汉贼不容两立，庶将复君受之仇，尚顿元勋宿将，义士忠臣，合志并谋，协心毕力，敌王所忾。扞我于艰，兹用大布宽恩，率循寻典，可大赦天下，以戡人心有感，则必通世运，无往不复。成诵虽幼，有周宁后，于四征少康之兴，祀夏实基于一旅，往来攸济，咸与维新。

2. 宋皇传说

【翔龙梦】

宋皇"驾临"硇洲时，曾升硇洲为翔龙县，因此，硇洲又称为"翔龙"。关于"翔龙"名称的由来，这里有一段美妙的传说。

南宋君臣在硇洲安顿下来后，过了一段安稳的日子。

一日清晨，小皇帝赵昺在大臣们的陪同下，来到硇洲岛的东南角游玩。他站在高高的海岸上向前远眺，只见岛上春光明媚，鸟语花香，一轮红日正在东边海面上喷薄而出，霞光照红了海面，白帆点点，沙鸥翔集，点缀得南海海面异常美丽。8岁的皇帝童心未泯，眼见这美丽的风光，不禁喜从心起，于是蹦蹦跳跳地跑下海石滩，拾石头，戏水冲浪，直到傍晚才尽兴而归。

当晚，宋帝赵昺睡在临时行宫内，和煦的海风抚摸着他的"龙体"，阵阵拍岸的海浪声如一曲曲美妙的音乐，使他睡得非常惬意。宋帝正朦胧间，只见旭日东升，祥光万道，一条蛟龙跟随旭日从岛东跃出海面，在空中绕岛一周，才飞上高空隐去了……

小皇帝赵昺一觉醒来，已是日上三竿，但梦中景况还在历历在目，意犹未尽。于是他急急召集群臣，把梦境向众大臣说了。以陆秀夫为首的文武大臣听了皇上的谕旨，不禁喜上眉梢，认为旭日东升、祥光普照、南海蛟龙绕岛飞翔是一个好兆头。尽管眼下大宋处于窘境，但有祥龙护佑，日后定能重整旗鼓，东山再起，恢复沦于元兵的宋室江山。于是大家奏请把硇洲升为翔龙县。宋皇准奏，并下令在岛上兴建"皇城"，利用硇洲岛四面环海的天险，暂且踞险固守，以等待各地援兵到来。可惜，因宋皇没有拜访和告诉当地的"土地公"，"土地公"愤愤不平，半夜学鸡啼，破坏神仙协助建"皇城"的行动，致使"皇城"建不成。如此，硇洲已无险可守，只好逃往新会崖山。最后，元兵赶到，宋兵不堪一击，全军覆没。宋帝昺被大臣陆秀夫背着，颈上挂着皇帝玉玺坠海，南宋皇朝就此灭亡了。

宋帝踞守硇洲3个多月（3—6月，另一说是7个月）期间，除了计划建"皇城"外，还拟将广州湾至津前的大海填平，把东海岛和硇洲岛连成一片，造成万顷良田供20万军马屯垦。可惜随着南宋皇朝的覆灭，这场翔龙梦也最终破灭了。

【硇洲岛为何没有土地庙】

话说1277年间，宋帝赵匡胤的后裔——11岁的端宗赵昰和大臣们被元军逼迫，逃奔浙江、福建、广东沿海地区，最后躲进了硇洲岛。

这硇洲岛乃是南国的宝岛。红土肥沃，香蕉如林，五谷丰登，六畜兴旺；四面碧波环抱，石丛遍布，易守难攻。

赵宋末代，君臣计划在此建皇城，以此立定基业，图谋东山再起，光复宋室。端宗赵昰听他母亲杨太后指点拜祭皇天，宣旨敦聘八方神鬼合力建筑皇城行宫，许愿论功行赏，赐庙供食。

且说各种神鬼看到圣旨，个个无不兴高采烈前来应聘，霎时神部鬼司驾临硇洲。

工程部计划：一更集料，二更奠基，三更升梁，四更完工，五更宋帝登銮。

三更雷鸣，准时开工。各路神工鬼匠，无不竭尽全力，各显神通。但见负责运石块的大力神，手执钢叉赶着石头滚滚而来，如同牧人赶羊；包工运泥沙的迷漫鬼，扇起阴风阵阵，飞沙漫天汇降，宛似沙漠搬家；担任运瓦片的霹雳神，施展道法，瓦片仿佛雪花飘落；领令运梁木的浩荡鬼，长驱梁木渡海飞奔，俨如河谷放排……

顷刻间，硇洲岛车水马龙，声震天地，谁料这一震动，竟惹出了祸端。

正在沉睡的土地神被震醒了。他揉了揉惺忪的老眼，打开耳门，隐隐闻到得开工动土，又闻到阴风飕飕，他晓得只有神鬼行动方有此风。他想：能支使神鬼服役，非神王即人君，若是神王建府，必令我划割地界。这样算来是人君的了。可恨这人君太专横！如此藐视于我，在本神辖地动土也不通知一声！此时他难再入睡，索性拄着拐杖视察工地。

土地公到了工地，但见月烛星灯，彩云为旗，五雷作鼓，风送沙瓦，雨搅泥浆，山移海倒，好不壮观！又见一块大如平房的石板屹立在工地上，板头用金子写着："大宋皇榜。"榜书开列神部鬼司，并注明其流派。他边看边盘点，四面八方能上封神榜的神灵，能入阴司册的鬼怪，除了他这位土地神都名列皇榜了。土地公的无名火勃发，劈头就问站在皇榜下面的监工大臣。

"请问，是谁在此建业?"

"宋皇建城。"大臣傲然回答。

"帮工的神鬼都是宋皇请来的吗?"

"正是圣旨的征聘。要盘查吗?"大臣讥讽的腔调。

"为何我没有接到圣旨?"土地公惘然地问。

"你属哪路神鬼? 任何职务?"

"我是此地的土地神，职管硇洲土地!"土地工一挺胸脯，提醒对方别小看他。

"哈哈! 哈! 哈! 哈! ——"大臣抱着圆肚笑得前仰后合，才慢吞吞地操着半阴半阳的官腔说："还以为是名山大仙驾到，却是一只跳蚤官! 出此狂言，竟想至高无上的皇帝给你颁旨!"说罢又是一阵嘲笑，土地爷受辱后怒不可遏，想出个抵制宋皇的绝招。各路神鬼正在各显神通兴工动土的时候，忽然间，公鸡猛蹄，声震硇洲近海。可怜各路神鬼正干得起劲的时，忽闻公鸡报晓，个个无不惊慌失措，运石的慌忙丢下石块溜走，弄得硇洲岛四周围的海边到现在都巨石横陈；运泥沙的急急撒下隐去，直到如今硇洲岛西部海面还有几堆沙墩；运瓦片的匆匆掷下逃遁，现在渔船还常在硇洲东部海域网到瓦片；运梁木的慌慌抛下潜逃，现在硇洲岛那晏村的水里尚有腐烂的梁木……

再说宋端宗赵罡忽闻公鸡猛蹄，觉得莫名其妙，再见各路神鬼遁迹潜逃，建筑材料撒得满地遍海，向左右大臣说道："平素鸡啼四更，何以今天啼一更？呜呼！草鸡反常，莫非天绝孤家！?"

左右大臣说："土地爷作怪！皇城建不成了！"端宗又惊又恨，当即病倒，一命呜呼。

后来硇洲人知道这事，说土地公做得太过分了，不顾大局，不择手段去泄私愤，也不是个好东西，于是把岛上所有土地庙铲掉。因此，硇洲是没有土地庙的。后人对此做了诸多的考究，至今还是个谜！

（二）元朝大规模的人口迁徙

元皇朝统治中国时实行残酷的统治政策。在离京城边远地区，为了镇压汉人反叛，每8户或5户汉人设置1个蒙人监视，监视人叫"八户""五户"。他们规定：汉人不得自由集会，夜间睡觉不准闩门，家里款待客人要报请他们相陪。若有违犯，严予惩罚。硇洲岛远离大陆，元人怕海，他们认为坐船比骑马难，况且硇洲岛是南宋皇朝驻扎过的地方，说不定还有南宋的遗老遗少、忠臣义士。因此，蒙人不敢到硇洲岛当"八户""五户"。

到了元代中叶，硇洲岛一连几年遇上干旱，地方官员收不到租粮，竟企图借蒙人的势力逼迫农民缴租，请来两名"五户"上岛。这两名"五户"一向鱼肉汉人，气焰嚣张，一上岛就派出衙役四出催粮，交不出租粮就捉人。不上半天，被扣农民挤满衙门，群众先是诉苦、求情，后据理争辩。两名"五户"不问曲直，竟宣称：不交粮就是谋反。地方官员仗人势叱令衙差乱棍打人。硇洲岛渔民一向与海浪搏斗，具有勇敢强悍的反抗精神，"五户"的嚣张气焰吓不倒他们，是时群情激愤，一声怒吼，众人奋起上前推倒公案，当场把地方官员活活压死。两名"五户"慑于群众的威力也慌了手脚，急想逃命，但是已经迟了。愤怒的群众知道元人怕海，就把他俩捆绑起来，拖到海边，推入大海，淹死海中。

压死地方官，淹死"五户"，这是弥天大罪，势必招来元军的血腥屠杀。于是全岛人民被迫背井离乡，举家外逃。硇洲岛立即变成荒无人烟的海岛。这就是元代中叶硇洲岛的第一次大迁移，它是硇洲岛人民一次自发抗租抗暴的壮举。大约过了50多年，元朝亡了，明朝兴起，新朝明令大赦天下，外迁的硇洲人才陆续从四面八方搬回硇洲岛。最先返回的是谭、梁、豆三姓，他们分别选定几处农耕较佳的地方重建南村、北村、中村。人们又开始安居创业，后人称为"复硇"。

三、明清到新中国成立前的硇洲岛

（一）明清时期的硇洲岛
1. 明清时期的人口迁徙
（1）明朝两大姓氏的繁衍

【窦姓】

顺宗追远，窦龙（公元前 2079 年）留居有仍，是吾族开天祖，龙之六十九世孙鸣犊之后裔。战国时迁于观津、扶风、平陵，经历了西汉、东汉，世居于今之河北、陕西、咸阳、衡水、武邑等地。公元 2 世纪，窦家子孙因避窦武之难，徙居到朔北、遵化（渔阳）。要接渔阳，裔出莆田，派分龙窦，吾族奉窦燕山为太始祖，是五代后周渔阳人。公元 904 年，起家幽州椽，历沂、邓、安、同、郑、华、宋、渔周支使判官，右谏义大夫，其五子相继考中进士，号称"五龙"。其家族也十分兴旺发达，后因辽金侵宋，南迁到福建莆田，朝升公生于斯、长于斯。1499 年，进士及第、荣任曲江知县、化州知府、宦满后卜居龙窦，奉为吾族始祖。公入粤后，父母兄弟族人也随之迁徙于此。朝升公生育六子，长、次、幼皆为贡、庠，长子且为太学生，职授广东龙门县教谕。斯时之发达，可谓盛哉。分作六房祖，五房祖迁徐闻，六房祖迁遂溪，随后长房五世祖益兰、益梅公迁广西，益茂公迁琼南，唯长房繁衍至六代，仍留居龙窦。1647 年，适逢清兵入粤，战祸频仍，龙窦老家被毁，家散人逃。光宗祖子孙逃至吴川大寨，正宗公子孙逃至硇洲，分别从新起家立业。

硇洲之窦姓，正是从正宗公子孙繁衍而来。

【吴氏】

据可查历史，吴姓村民最早来自明初福建兴化莆田。家谱记载：吴鸿三公原籍福建省兴化府莆田县大井巷来硇洲之鼻祖也。为着子孙开基创业定居硇洲此地村庄，取名塘滨村，世代相传。至十二世祖正杰大公生有两男，长梦陈、次梦林。十三世祖梦林公，生有四男：长天养、次天援、三天喜、四天羡，为十四世祖。根据族谱和多方考证，开基世祖吴鸿三公，明朝初年从闽地大井巷迁来硇洲塘滨村，至 2011 年，已有 643 年历史。明朝初期，闽地兵荒马乱，民不聊生，被迫迁移来硇洲安居塘滨村。至十三世祖梦林公，生于康熙四年。1665 年，梦林公生有四子，长子天养公在康熙六十年，即 1721 年迁去上村，到 2011 年已有 290 年。在 1950 年后也有部分迁去宋皇村。上马、宋皇两村吴姓兄弟均为梦林公子孙。

(2) 清朝大规模的人口迁徙

清初，硇洲岛附近海面海盗骚扰频繁。清政府不做积极的剿盗安民的计划，却认为边陲盗患，乃疥癣小事，避之即可，采取消极的避盗方针。康熙元年（1662 年），敕命沿海居民一律内迁 50 里。硇洲岛居民因而内迁入徐闻县，开荒自给。另一方面，清政府加强了雷州半岛白鸽寨及海安等处兵力。

这是一项错误的策略，它给硇洲岛人民带来迁徙的苦难，却给海盗开辟了乐园。硇洲岛人民一向从事农业和渔业，家有田园和渔船。若迁徙徐闻，只有重新开荒生产，所以谁都不愿意迁出。但是皇令逼迁，官兵似虎狼，稍有违抗即遭毒打。而且时间紧迫，限令全岛人民即日同时迁出。就这样，在刀枪的逼迫下，全岛人民肩上挑、手里拿，扶老携幼，哭哭啼啼涌向徐闻县。这是康熙元年硇洲岛的第二次大迁移。

岛上居民一走，硇洲就成了海盗的乐园。他们有现成的房屋居住，有渔港泊船；海上往来无忧无虑，逍遥自在。虽然内陆戒备森严，冒险不得，但是只要守住硇洲岛这个南北交通要道，满载财物的商船自会源源不断地送上门来。从此，南海商船遭劫，商民被害的事屡见不鲜。

"养痈成患，留莠伤禾"。40 年后清政府终于清醒过来，认识到必须采取积极的剿盗安民的方针才能确保边海的安宁。于是命令高、雷两地的官府联兵清剿所属海面的海盗，于康熙四十二年在硇洲西部海岸建署、设营，第二年又抽海安营的二百多名士兵拨为新设硇洲营充额，移白鸽寨守备驻硇洲，同年命令硇洲岛百姓迁返本地复籍。于是散居徐闻县东乡、竹尾、迈乾、山狗坑等地的硇洲岛居民都重归故土（现在这些地方还有硇洲人的后代），后人称为第二次"复硇"。

2. 清朝的硇洲营

（1）添设水营师、巡检司

硇洲岛位于吴川县南 10 千米，因战略位置重要，宋代就设置了硇洲砦，元明时也曾在此驻扎军队，清初未设军队，到康熙四十二年（1703 年）七月，两广总督郭世隆奏准将原龙门乾体营士兵改驻硇洲营，并令白鸽寨守备 1 员，千总 1 员，把总 2 员统之。

据光绪《吴川县志》卷四《经政·兵防》记载，康熙四十三年（1704 年）正月初一，硇洲营正式设立营制，包括官员 7 名、战守兵 573 名、战船 8 只、台汛 8 座。这是清代最初在硇洲的营制，其规模后来代有增减，如增设步战守兵 418 名。乾隆二十四年（1759 年）前又裁撤为368 名。乾隆五十九年（1794 年），两广总督长麟等奏，硇洲营孤峙海中，为全粤海洋要隘，请求添设兵 300 名、把总 1 员、外委 2 员，裁革马兵，应需俸饷等项，改给步粮，以每年节省饷料及倒毙马价拨给，获得乾隆帝批准。

硇洲营原来归高州镇管辖，嘉庆十五年（1810 年）改归阳江镇管辖。康熙时最高长官级别为守备，雍正九年（1731 年），改广东硇洲营守备各缺为都司。碑文勒石之际共有官兵 675 人。

雍正八年（1730 年），设硇洲巡检司。

附（职官）：

硇洲司巡检（文职，从九品）

徐大业，大兴吏员，雍正九年任。

张克新，武陟吏员，乾隆十二年任。

王秉章，山阴人，乾隆十六年任。

高大川，平湖吏员，乾隆二十三年任。

高鹭，乾隆三十三年任。

毛君寿，乾隆三十三年任。

东海岛、
硇洲岛
历史研究

DONGHAIDAO、
NAOZHOUDAO
LISHI YANJIU

苏敩，乾隆三十六年任。

李尔渭，乾隆四十二年任。

陆元勋，乾隆四十六年任。

吴廷成，乾隆五十一年任。

成作臣，乾隆五十五年署。

洪琏，乾隆五十五年任。

夏日昇，乾隆五十七年任。

孙廷瑞，乾隆六十年任。

周琏，嘉庆九年任。

沈开甲，嘉庆十二年任。

闻人奎，嘉庆十五年任。

杨荣，嘉庆十五年任。

张昕，嘉庆十五年任。

章镛，嘉庆十六年任。

郭焕江，嘉庆十七年任。

李自然，嘉庆十七年任。

邹诒德，嘉庆十八年任。

武旷周，嘉庆十八年任。

陈纟司昌，嘉庆二十年署。

胡一鸣，嘉庆二十年任。

花东苑，嘉庆二十一年任。

汪锡麟，嘉庆二十二年任。

王大川，嘉庆二十二年任。

薛璘，嘉庆二十四年任。

黄汇清，嘉庆二十五年任。

金夔，道光三年任。

濮浩，山阴人，道光三年任。

蒋继辉。

赵联芝，四川三台人，监生，道光八年四月任。

陶建达，道光十年八月代理。

朱映垣，道光十年十月调补。

吴澍森，道光十六年五月代理。

黄显猷，道光二十一年四月代理。

张韶九，顺天人，道光二十二年十一月调署。

钱华龄，道光二十四年十月署。

萧榖，道光二十五年十一月署。

章钰，道光二十六年署。

白训，四川监生，道光二十六年八月调署。

朱用孚，道光二十七年、二十九年代理。

华仲超，道光二十八年三月署。

赵瑞，安徽桐城人，监生，咸丰三年九月兼理。

邹光泗，咸丰四年正月署。

杨景绂，咸丰四年十一月署。

章思聪，咸丰六年八月署。

张伦，直隶南官人，监生，咸丰七年九月任。

宋之福，咸丰九年二月署。

詹诰，咸丰十年四月署。

陈之缙，咸丰十一年四月署。

吴康，浙江人，咸丰十一年十月任。

王近仁，湖南善化人，同治四年闰五月任。

屠子吉，同治十一年十一月署。

李腾骧，江西人，同治十二年九月任。

朱嘉桢，同治十三年十二月署。

葛诚，福建侯官人，光绪二年三月任。

钱世俊，光绪九年六月兼理。

陈汝舟，光绪九年七月署。

陶光裹，光绪九年十月署。

王希珉，光绪十年正月署。

刘士锋，甘肃人，监生，光绪十年十二月调补。

裘献功，光绪十一年五月代理。

东海岛、
硇洲岛
历史研究
DONGHAIDAO、
NAOZHOUDAO
LISHI YANJIU

周为震，光绪十二年四月代理。

刘士锋，光绪十二年八月回任。

吴曾达，江苏人，怀乡司巡检调署。

章念慈，浙江人，监生，光绪十三年五月代理。

盛宿怀，江苏人，监生，光绪十六年四月任。

硇洲营守备（正五品）、都司（正四品）

守备：

马延眉，山东武进士，康熙四十三年任。

黄子清，湖广人，康熙四十七年任。

施元胜，福建人，康熙五十一年任。

鲁芝芳，浙江人，雍正三年任。

蔡文郁，福建人，雍正九年任。乾隆六年十二月二十六因染风寒，卒于电白营游击任。

都司（雍正八年改）：

唐锡元，东莞人，乾隆九年任。乾隆十七年任崖州营参将。

杨志英，东莞人，乾隆十二年任。

洪秉彝，福建人，乾隆十五年任。乾隆二十五年任吴川营游击，乾隆二十七年九月二十两广总督苏昌奏请将厓州营参将升补广东龙门水师副将，乾隆二十八年升署广东龙门水师副将。

陈杰，饶州人，乾隆十九年任。

郑张廷，琼山人，乾隆二十一年任。乾隆二十九年任闽浙督标水师营参将。

陈颐，澄海人，乾隆二十五年任。

张天助，琼山人，乾隆三十年任。乾隆三十二年任海安营游击。

何韬，东莞人，乾隆三十四年任。

陈茂勋，福建人，乾隆三十八年任。

边廷臣，直隶人。

张显宗，番禺藉新会人。

利振纲，镇平人，乾隆四十四年任。乾隆五十一年卒于福建铜山营参将任。

陈辉，归善人，乾隆四十八年任。

吴锡璋，福建武进士。

欧仕龙，徐闻人，历升江苏通州海门营参将。

唐凤，湖南人，乾隆五十六年任。

卢魁，东莞人，乾隆五十七年任。

胡潮清，鹤山县人。

魏大斌，梅州市五华县人，乾隆二十六年武进士，乾隆五十九年署。嘉庆九年署广东提督。

易镇疆，嘉庆十六年五月二十九任，广东香山协副将事。

何英，东莞人，嘉庆七年署海口营参将，升阳江镇副将。

谢廷扬，肇庆人，武进士。

何士祥，香山人，武进士，嘉庆三年任。历升福建提标督标水师营参将，署香山协副将。

潘明道，平海人。

郑上，澄海人，嘉庆六年任。嘉庆十年在任于碣石镇标中军游击。

徐洲，新安人。

陈得高，澄海人，嘉庆十二年在任于浙江镇海营参将。

吴文辉，陆丰人，嘉庆十年署，嘉庆十二年六月十一卒于任上。

舒殿英，浙江人，嘉庆十年任江南吴淞营参将，嘉庆十二年在任于春江协副将。

陈攀桂，澄海人，嘉庆十三年任。

谢廷可，新安人，嘉庆十五年任。

华兰，苍梧人。

吴壮猷，琼山人。

黎英，新宁人，嘉庆二十二年署海安营游击任上。

陈攀凤，东莞人，嘉庆十八年任。

余时高，澄海人。

刘起龙，新安人，嘉庆二十年任。道光六年任福建水师提督。

卢瑞，东莞人，嘉庆二十三年任。

赖英扬，新安人，嘉庆二十五年任。道光十三年任平海营参将，道光十三年九月二十任两广总督卢坤奏请升补澄海协副将，道光十七年任浙江定海镇总兵。

张国雄，历升南澳右营游击。

张清亮，历升道光朝琼州镇总兵。

邓旋启，徐闻人，道光十一年在任于龙门协副将职。

梁开桂，邑人，道光元年任。

李正彪，阳江人，道光三年任，历升平海营参将。

樊立勋，香山人，道光四年任。

黎志安，东莞人，道光年任，由咸丰二年历升海门营参将。

何岳钟，新会人，嘉庆十四年第四十八名武进士，道光四年任。嘉庆二十一年、道光四至七年署，道光二十一年署广东水师提督。

邓旋明，徐闻人，道光十六年在任于海门营参将。

梁建忠，香山人，道光十三年署。

李翔凤，香山人，武举人，道光十四年任。

赖恩爵，新安人，道光十五年任，道光二十三年任广东水师提督。

陈宏光，邑人，道光十五年任。

林腾鹤，潮阳人，道光十六年署。

林亮光，阳江人，道光十七年署。

林凤仪，漳州人，系原任广东左翼镇水师总兵林国良之孙，道光十七年署。道光十八年在任于碣石镇左营游击。

冯圣宗，遂溪人，道光十七年署。

沙兆龙，阳江人，道光二十六年任。历升山东文登协副将。

许大鹏，潮阳人，道光二十八年署。

沙兆龙，道光二十九年复任。

黄耀全，新会人，道光三十九年任。

黄开广，顺德人，咸丰元年任。咸丰五年任广东琼州镇总兵。

陈佐光，南海人，武举人，咸丰二年任。同治三年署阳江镇水师总兵。

马亮英，香山人，咸丰五年任。署香山营中军都司。

邵登云，电白人，咸丰六年署。

何琨镛，新会人，咸丰六年署。

黎文俊，钦州人，咸丰七年署。

陈贞标，南澳人，咸丰七年任。后提升碣石游击。

姚大勇，东莞人，咸丰十年署。

赖显辉，东莞人，咸丰十一年署。

颜炳文，南海人，武举人，同治元年署。

谢鸣高，南海人，同治元年任。

李得青，阳江人。

佘魁春，东莞新安人，同治三年任。

谢鸣高，同治五年复任。

梁卓高，东莞人，同治七年署。历升督标参将。

黄鹏钧，新安人，同治八年署。

梁卓高，同治十一年代理。

郑廷熊，东莞人，同治十一年署。

郑殿英，香山人，光绪元年任。

钟祥照，新会人，光绪四年署。

郑殿英，光绪四年复任。后提升碣石游击。

李国清，陆丰人，武进士，光绪六年任。

詹明亮，东莞人，光绪七年任。

蔡荣光，江苏人，蓝翎侍卫，光绪十六年署。

吴国祥，香山人，光绪二十年任。

谢芳，大鹏乌涌人。

余显宗，遂溪人。

硇洲营千总（正六品）

许华，福建人。

陈贵，福建人。

刘勇，陕西人。

赵明，湖广人。

余采，福建人。

许万，雷州人。

程兴，福建人。

黄会，海康人。

房得胜，邑人。

杨麟，电白人。

招成万，邑人。乾隆四十六年任闽粤南澳镇总兵。

许廷华，邑人。

苏伟，邑人。嘉庆一年在任于闽粤南澳镇标右营游击。

朱朝，邑人。

陈宏韬，邑人。

梁开贵，邑人。

邓旋明，徐闻人。道光十六年在任于海门营参将。

王凤岗，遂溪人。

李广叨，阳江人。

黄岗，邑人。

温廷桢，阳江城内人，光绪十五任。

何锦魁，阳江南金人，光绪朝任。

林隆广。

易继隆，邑人。

田国金。

陈懿刚，电白人。

萧九成，阳江人。

姚士明，阳江上洋人。

阮廷灿。

陈魁鳌，邑人。

梁光华，邑人。

许凤鸿，阳江人。

洪瑞彪，邑人。

黄成龙，东莞人，署虎门中营守备。

叶家齐，归善人，武举人。

冯庆元，阳江人，武生。

姜逢玉，石城人。

许凤焘，阳江人。

萧锦云，阳江人。

方振超，阳江南门街人，光绪朝任。

硇洲营把总（正七品）

陈贵，福建人。

谢璋，直隶人。

余采，福建人。

林蛟，福建人。

程兴，福建人。

董文华，阳江人。

石美，福建人。

李自华，江南人。

蔡金，合浦人。

许万，雷州人。

陈万化，雷州人。

蔡联高，海康人。

曾治，福建人。

文进，邑人。

黄会，海康人。

高德明，福建人。

马元韬，合浦人。

苑国英，澄海人。

陈镇疆，邑人。

余志隆，福建人。

朱朝栋，电白人。

邝崇人，龙门人。

陈凤，罗定人。

东海岛、
硇洲岛
历史研究

DONGHAIDAO、
NAOZHOUDAO
LISHI YANJIU

李超贵，邑人。

苏武。

许廷进、钦州人。嘉庆二年任福建海坛镇总兵。

钟廷选。

刘通，邑人。

杨荣耀，邑人。

蒋魁雄，钦州人。

郑怀韬，遂溪人。

黄岗，邑人，武庠生。

邓旋明，徐闻人。

苏秉韬，嘉庆十二年任。

窦振彪，邑人。道光二十一年任福建水师提督。

陈廷超。

陈奇策，邑人。

施建明，钦州人。

林凤来，邑人。

吴金彪，邑人，武庠生。

何朝升。

黄振扬，阳江人。

许廷邦，阳江人。

唐勇斌，遂溪人。

李雄彪，阳江人。

陈懿刚，电白人。

陈魁鳌，邑人。

李茂阶，电白人。

陈英隆。

朱清华，东莞人。

梁光华，邑人。

王奇英，邑人。

吴龙光，阳江人。

雷之威，阳江人。

吕刚，阳江人。

沙韵清，光绪八年任。

张兆江，阳江城内人，光绪朝任。

温应祖，阳江城内人，光绪二十四年任。

黄锡瀛，阳江城内人，光绪朝任。

沙世桢，阳江塘基头人，光绪二十七年任。

苏赞光，阳江人。

黎晋卿，电白人。

林乃祯，电白人。

苏维略，邑人。

方振起，邑人。

易继隆，邑人。

硇洲营外委（正九品）

陈见龙，邑人。

杨德珠，邑人。

苏维略，邑人。

窦继昌，邑人。

陈魁鳌；邑人。

刘杨远，邑人。

曹殿英。

何琨铺，新会人。

梁元高，邑人。

方定邦，新宁人。

邵松斌，电白人。

吴龙光，阳江人。

梁以升，阳江人。

陈理龙，邑人。

符永安，阳江人。

东海岛、
硇洲岛
历史研究

DONGHAIDAO、
NAOZHOUDAO
LISHI YANJIU

邓安邦，邑人。后任潮州镇总兵。

何卓然，新会人。

梁鸿基，阳江人。

刘绍熊，邑人。

黄应祥，新宁人。

陈明辉，遂溪人。

陈必成。

吴勇。

房士元。

苏维略。

唐振超。

刘英隆，电白人。

陈良弼，南海人。

梁兆清，阳江人。

冯瑞恩，阳江人。

卢国光，阳江人。

杨怀叨，邑人。

何寅方，恩平人。

李龙彪，阳江人。

罗超龙，阳江人，剿阳江客匪时阵亡。

谢英龙。

杨蔚琛。

吴龙章，邑人。

杨茂青，阳江人。

房光亮，邑人。

刘任邦，阳江人。

李长青，阳江人。

伍平洋，邑人。

苏赞光，阳江人。

何寅伟，邑人。

王锡瀛，阳江人。

陈魁春，邑人。

吴占鳌，邑人。

许昭光，阳江人

叶向荣，阳江人。

窦继缨，邑人。

何岳扬，邑人。

沙光尧，阳江人。

（2）硇洲营绿营兵

清前期，绿营兵作为国家军队的一大支柱，在维护国家稳定中发挥了举足轻重的作用。当时广东绿营规模很大，有 7 万之多，这 7 万官兵星罗棋布，硇洲绿营兵就是其中一支。但是清政府一直以来都采取绿营低饷政策，对绿营的生存造成了很大威胁，同时也影响了绿营的职能和战斗力的发挥。

①绿营兵的生活状态：

林则徐在道光十八年（1838 年）说："若以食贫之人，当中熟之岁，大约一人有银四五分，即可过一日。"依此计算，如要负担 3—4 人 1 年的生活，则共需 50 多两①银。绿营士兵年收入 12 两到 24 两，即使加上每月 3 斗（1 升 =0.1 斗）米，1 年 36 斗米，按照当时的物价，其价值也是非常有限的。部分将领注意到这一点，道光十四年（1834 年），关天培刚刚任水师提督时，曾经因为防守炮台兵丁饷米不敷分膳家口，亲自去见总督巡抚要求筹款发给津贴。

由上可知，清代绿营士兵收入非常有限，而且往往没有保障，与之不平衡的是绿营士兵承担了繁重的任务。据嘉庆《钦定中枢政考》记载：绿营士兵在作战和防守的同时，还肩负着护送粮饷、看护仓库、巡查地方、查缉走私、缉捕罪犯、押解犯人、投递公文等多项差务。同时，绿营士兵生存环境恶劣，常常有生命危险，以水师为例，每年定期巡洋，由于水文地理知识缺乏和航海技术的落后，经常遇上风暴，葬身

---

①新中国成立之前，中国的市制单位为 1 千克 =2 斤 =32 亩。

东海岛、
硇洲岛
历史研究

DONGHAIDAO、
NAOZHOUDAO
LISHI YANJIU

大海。雍正六年（1728 年）初，广东龙门协副将景慧奉该管总兵调取考验，渡海遭风漂没；该协右营把总谢廷彦，轮值冬季游巡，带领兵丁泛海，亦被风飘没。身为国家三品军官的副将，巡洋被淹毙，应为大事，但一直到清代中期，这种状况亦没有改观。嘉庆二年（1797 年）十月，对广东出洋淹毙的参将王国泰、钟光耀、千总余泰来，祭葬世职，如伤亡例。这样的事例屡见不鲜。

清前期广东士兵征战频繁，伤亡相对较多，以康熙年间征剿瑶人一案为例，副将战死，士兵战死无数，伤亡惨重。广东海岸线漫长，沿海海盗出没频繁，给绿营水师造成生命威胁。康熙四十八年（1709 年）初，广东南澳镇标守备潘成龙等出洋巡哨，遇上贼船，潘为贼所杀，船只器械被夺。清代中期海盗猖獗，绿营水师随时有性命危险。即使在兵营中，士兵经常遭将领虐待，乾隆四十九年 （1784 年），龙门协副将承禄任性乖张，酒后混行责骂弁兵，私役兵丁修理衙署，并将兵丁罗朝陞带病责伤致死，被革职拿问。

嘉庆年间御史程含章在《上百制军筹办海匪书》中描述了绿营水师生存状况：查定例出洋兵丁，无如海洋僻远，薪米昂贵，一遇歉岁，再食或不能饱。冬则衣不蔽体，形同乞丐。自用兵以来，各兵有丁年出海，皓首不归者。长与风涛为邻，更无室家之乐。

②绿营兵生活窘困的原因：

清代绿营兵实行募兵制，雇佣本地人当兵。士兵世代当兵，没有田产，生活来源主要靠国家发给的饷银和饷米。这两样收入非常有限，据官方史料记载，士兵按等级发饷，马兵每月饷银 2 两，步兵 1.5 两，守兵 1 两，这三级士兵每人每月一律给米 3 斗。从清王朝建立初年就定下的俸饷额，200 多年基本没有变化，但是物价却不断上涨，到清代末年物价更贵，有较康熙间增至八九倍的，即较乾隆初年也有增至三四倍。所以到乾隆末年以后，因为物价日高，而额定兵饷却永不加增，绿营兵的生活越来越艰难。

清政府规定的粮饷原本就十分微薄，在发放到士兵手上前，还要经过层层盘剥，其中有许多是政府允许的陋规。据《大清会典事例》记载，绿营士兵的粮饷有扣建、截旷、朋扣、搭钱、折色等 10 项合法扣减，还有很多非法的克扣。其中罚俸欠饷是最常见的，也是对绿营官兵生活影响最深的。部分将领为了自身利益，经常克扣士兵粮饷。道光年间，绿营士兵以核扣减平、办公摊派受累颇深，每兵所得乃不及额饷十分之一二。清代绿营军官生活奢侈，经常摊派，凡营官至任，铺张器具，都守千把红白喜葬，护送饷鞘弁兵盘费，修补零星军装器械，起早油蜡，差操茶点，无一不摊派兵饷，是以每月每兵仅得饷三钱有零。朝廷对此非常重视，常明令禁止，如嘉庆七年（1802 年）六月皇帝下诏："兵丁饷银本属有限，若再行坐扣，伊等何以为生，著将一切扣饷之例永行停止，钦此。"但往往形同空文，绿营官兵照样顶风作案，是年八月初十日，广东提标前营右哨千总王有高滥扣兵饷，被革职拿问。

部分封疆大吏也漠视朝廷禁令，扣减绿营应得收入。各营红白事件，本来有具体规条，乾隆三十年（1765 年）两广总督李侍尧曾将兵丁父母身故的原定赏银 6 两 4 钱减为 4 两，祖父母身故的原定 3 两 2 钱减为 2 两，省出的银两挪作他用。道光年间两广总督李鸿宾等办理瑶族事务，因兵丁吸食鸦片，罚所有士兵军需银两 3 成，以示惩戒。

士兵的合法收入没有保障，在上述情况下绿营士兵的收入自然十分微薄。

③制定条例　帮银解困：

由于粮饷严重不足、绿营水师生活窘困，他们于嘉庆三年（1798年）签订了一项互相帮助、共渡难关的合约。为了郑重起见，他们请来石匠刻石勒碑，以此警示全营士兵，永远遵守，同时也希望该事能够流芳百世。碑文抄录如下：

千秋著美碑

盖闻一营之中，各官则有同僚之情，各兵亦有同伍之义，贵贱难分，而亲爱则一。考诸例载，兵丁拨补，系本营出身者，与例不符，是明示有同营相爱之意，未有不相爱而能成劲旅者也。是此，我辈共居队下，务以各相和叶。互相扶助为先，安常则得其相守之力，遇敌则（得）其护助为功，今古皆然。原非创见。独是一兵□□□□甚少，植

111

立维艰，况升降无常，死生莫定；或有不幸，一旦失志，索手空行；或为局外之人，奄口询非，同仁之义，与言及此，不禁义以情生而情随事起矣。爰集公论，例定良规，缘义令之通文，各均帮之义，事疾相亲爱，克始克终，独是劲旅大成。升降、死生均得其所。所有良规条例，呈乞□□□□再启各兵□□□□，通帮一次，每名银一分。

前任营主分守广东硇洲水师营都闻府，加三级何公讳英批示准行。本年十月内又蒙现任营主分守广东硇洲水师营闻府加三级何公讳士祥，验安恩准勒石，以垂不朽。而各兵之感得非小故也。用是志之所有条案件，开列于后。

一凡营内各兵，有祖、父、母、妻故，名如无犯例，遵得均准通帮一分。

一议营中兄弟或有脱、躲闪、犯奸、犯赌、饮酒、行凶、本身为盗、久假不归、出海诈□憨及迷海轻生、生事被革者，均毋庸帮。

一议凡营中兄弟已拨补官俸饷，已有加增，虽不离营亦毋庸均帮。

一议凡各兵父母因病身故，通营每名帮银一分。

一凡因年老，守分勤能，□□□□上人恩准更换年貌，复克营伍者，准为后次通营每名帮银二分。

一议凡辞退，名粮俱丧，年届五十，通营每名帮银二分，如实五十者亦帮。

一议凡年老难以操防或尚少壮久病、瘫难身故，或耳聋目昏，视听不见，被革者，通营每名帮银二分，交该兵丁及家内眷属收领。倘无家属亦（重）同值月队目将银全数支出，代办殡葬修斋。

一议各兵果因穷苦无措，短见轻生，并生事，或被人诬陷。殴打致死及尚未死并遭枉革者，通营每名帮银二分。如系自召，无庸均帮。

一凡开除名粮，查该兵丁不论命盗大小，各案及意外之事牵连，无辜革除，通营每名帮银二分。如果自召，无庸均帮。

一凡领均帮银出之时，内除百文交与武庙祝收领，以助香油；又除一百文交值月队日，以助办公之用，不得增减。

以上各条公帮均合众公论，面禀是非，不得尽凭文报考为致始义举。吾寻尤当凛守法纪，如金如石，勿坠初心。支公帮之日，该值月队目即日具，通营各兵支银一，领送存营衙门，盖印转送，支足交该兵，毋得挨（拖）延。

众兄弟领过公帮，务宜竭力营生，勿有浪费。未至三年便克差役，则同追银回归囊。毋贻后悔。

> 嘉庆三年十二月吉日
>
> 暑部主：朱　朝、陈奇策
>
> 总司：易镇疆、张维江、郑怀韬
>
> 协司：林超元、黄　岗、龙朝渊
>
> 记名协司：豆振龙、苏秉彰、龙　德
>
> 合通营队目同立

由于长时间日晒雨淋，碑文部分字缺漏，但内容非常明了，记载了硇洲营官兵签订帮银条例。从此碑记中可看出当时该地绿营兵丁收入非常有限，一旦发生小的变动，就会陷入困境。该文开头就强调兵丁互相帮助、亲爱如一，目的是让全营官兵同舟共济、共渡难关。因为每个士兵的生活都是艰苦的，而且在军中职位升降无序，任务繁多，生死难料，如果不互相帮助，就更难生存了。

（二）广州湾时期的硇洲岛

硇洲，是一个具有光荣革命历史的海岛，硇洲人民，是革命的人民。自大革命及土地革命战争时期以来，硇洲人民在党的领导下，为夺取新民主主义革命的胜利，作出了巨大的贡献。

翻开南路革命斗争的史册，我们看到无数的革命先烈和革命前辈在硇洲这块土地上，深深地印下他们的足迹，硇洲人民用自己的血和汗谱写下这光辉的革命史页。

1. 土地革命时期（1927 年 8 月—1937 年 7 月）

（1）保存干部，宣传革命

1927 年 4 月 12 日，蒋介石发动反革命政变，屠杀大批共产党员和革命人民，党和革命和组织遭受到严重破坏。同年 6 月，海南文昌县龙马乡农运同时解体，曾鲁同志（龙马乡农运党组织负责人）按照上级党组织指示精神，决定"分散坚持"，保存干部，宣传革命，率领吴比兴（又名吴琼仙、吴成芳，海南检察院办公室主任，1973 年去世）、曾令运、曾孙谦、陈清、云如能（1930 年在南京殉难）、曾廷、李子苏、陈景尧、谢飞（20 世纪 40 年代末与刘少奇同志结婚）等 12 人，由海南秘密到硇洲岛，以相认宗妾为名，在曾介臣家中落脚。在曾介臣的帮助下，先后在淡水镇设"新新咖啡店"和"东坡茶楼"，以维持生活和掩护联络革命工作，秘密进行革命活动。针对法帝占领广州湾的情况对群众进行"实行耕者有其田""一切权力归农会"的宣传，向群众灌输爱国主义思想，激励群众的民族义愤，反对外夷奴役中国人民，等等。不久，因叛徒告密，吴比兴、李子苏等 4 人被法帝逮捕入狱，遭受酷刑拷打、逼供。吴比兴大义凛然，铮铮铁骨，据理抗争，宁死不屈，在党组织的多方营救下，由曾介臣出面保释出狱，免遭非法惨杀。因当时法帝统治者监视极严，党组织被迫转移他地工作。同年 12 月底，曾鲁和云如能由广州湾委派往上海联系工作，其他同志也陆续分散回海南秘密工作。

（2）支持发展农军，进攻反动营垒

1930 年春，黄凌氏（"双枪婶"黄凌姑）、黄广荣母子（均为共产党员）既彭中英之后，带领遂溪农军全副武装 30 多人，从东海岛乘船来到硇洲北港黄屋村。黄凌氏还有一个小孙子（叫民仔，民仔的父亲黄广渊是黄凌氏长子。黄广渊系农民讲习所学员、南路特派员、遂溪农军领导人之一）住在黄玉书家中，交给黄玉书的妻子窦明顺抚养。黄凌氏到黄屋村后，在村里组织农军，黄玉书、黄之茂、黄丙才、黄公易等 20 人参加；还在该村秘密组织农会，组长为黄凌氏、黄广荣，副组长为黄玉书、黄之茂，成立时歃血为盟，表示同生共死，保守秘密。是年秋，黄凌氏带领农军攻打淡水公局据点，缴获了一大批枪支弹药和其他物资。不久，转移到东海岛活动。

1931 年 2 月 16 日（农历除夕）由于坏人告密，黄河沣（高雷地区的反动头子）勾结法帝，法广州湾当局派兵重围黄广荣所住的安和旅店，黄广荣、陈妃二、陈妃珠等 3 人不幸被捕并押送吴川交给特别法庭处理，光荣就义。同年秋，国民党遂溪县政府勾结广州湾当局派兵包围东海调文村的祠堂，逮捕了黄凌氏等人，并押回遂溪城南蓬岭遂溪二中杀害。黄凌氏英勇就义时，才 51 岁。至 1932 年夏，黄凌氏的孙子民仔由黄凌氏的侄子凌开创带回家抚养。这是遂溪县满门英烈唯一的革命后代，长大以后继承其先辈遗志，积极为社会主义革命和社会主义建设努力工作。民仔，现名黄芝劲，后任遂溪县革命老区办主任。

由于彭中英、黄凌氏等人在硇洲人民反帝反封建斗争热情日益高涨。黄屋村在当年曾被敌人围剿二次，烧毁草屋 20 多间，杀害数名爱国志士，这不但不能扑灭革命的火种，反而激起了黄屋村群众对敌人的刻骨仇恨，他们一直出生入死，前仆后继，坚持革命斗争。

(3) 渔民大罢工斗争

1928 年冬，省委派来负责南路兵运的梁超群叛变告密，国民党高州反动政府勾结法帝国主义和地方反动势力在广州湾破坏中共南路特委机关，特委书记黄平民、委员朱也赤和周监、聂都山、龙少陶、符智痴等十八位同志被捕（后大部分被押往高州、梅录杀害）。

中共南路特委被破坏后，南路和广州湾地区的党组织与上级失去联系，革命斗争转向低潮，但是广州湾地区的党员并没有被国民党反动派和法帝国主义者的屠杀所吓倒，他们以各种形式坚持与国民党和法帝国主义者做斗争，并积极寻找党的上级组织。这时幸免被捕的特委员彭中英在化州召集梁英武（廉江县农运干部）、彭有松、罗××等人开会商讨措施，设法恢复与省委的联系。会议推选彭中英为临时负责人去香港联系。彭得到各同志的筹款作为旅费并抵达广州后，因得不到大店铺担保，无法买到船票赴港。翌年秋，改由特委员陈信材去香港联系。当时，正逢法帝在广州湾收买劳工（俗称"猪仔"），陈信材乘机卖身为"猪仔"，得款 30 元，被从广州湾押到香港。到香港后，他趁看守人员松懈之际，逃走去找省委。当时，因省委机关已迁移到别处，他与省委没有联系上。半个月后，他便搭木帆船漂洋过海回到硇洲岛。

硇洲，原是彭中英进行革命活动的联络点。在特委被破坏之前，他通过廉江地下工作同志的帮助，利用廉江县一些商人在硇洲开设的烟丝店作为联络点，以贩卖咸鱼为掩护，来往于石门、硇洲之间，接送地下工作同志。陈信材到硇洲后，就写信叫彭中英来硇洲。与彭一起来硇洲的还有卢宝炫、彭庭贵、易经等 10 多名地下同志。此后，他们利用原有的社会关系，和通过商人陈俊三（硇洲商会会长）的帮助，以商人的身份（彭任商会秘书）作掩护，秘密地开展地下革命活动。

他们在硇洲立足后，便以各种方式接近渔民群众，进行社会调查，由此掌握了硇洲岛的社会状况和渔民的情况。硇洲，是个小孤岛，渔民共有9000多人（包括浅水渔民），深水渔船100多艘，分别属于几十个船主所有。大部分渔民是无产者，他们终年累月在深海里为船主捕鱼捉虾，做苦工，但每月所得却寥寥无几（大工工资为4个大洋，小工工资为3个大洋），生活苦不堪言。他们在陆地上，无依无靠；在海洋中，常遇狂风恶浪的袭击，生命安全无保障。1927年8月21日，强台风袭击硇洲海面，30多艘渔民被打沉，400多渔民葬身鱼腹。虽然他们终年在凄风苦雨中为船主竭尽全力，但一旦积劳成疾，就被船主恶狠狠地赶离渔船。船主剥削渔民的主要方法是发低工资，或以各种借口扣工资和加派任务工，使渔民有劳而无获。船主们为维护共同利益，拉帮结伙，组合了10多个帮会，每个帮会选主1人当帮头，每5年改选1次。帮会名义上处理海上碰船、打架等纠纷，而实际上是船主用于处罚渔民、镇压渔民造反的黑组织。渔民对船主的压迫与剥削怒不可遏，终于多次进行了罢工。1923年至1924年间，北港曾经爆发过一次规模较大的罢工斗争，数百名渔民离船上岸罢工，要求船主增加工资。但是，这次渔民罢工斗争，由于没有党的统一领导，组织措施不得力，行动涣散，指挥混乱，最后失败了。

渔民的苦难生活和斗争精神使陈信材、彭中英、卢宝炫深受感动。他们认为渔民受船主剥削严重，工资低，生活苦，职业无保障，要求增加工资是人心所向、是天公地道，因而决心实现渔民这一共同愿望。于是他们秘密召集高四、妃乌、黄大珠、黄玉腾、黄玉书、黄芝统、黄玉君、黄大养等渔民骨干商量研究具体做法，最终决定发动渔民罢工，迫使船主无条件答应要求。鉴于以往罢工失败的经验和教训，陈信材、彭中英、卢宝炫认为这次罢工斗争必须做到有领导、有组织、有计划地进行，必须做好充分的物质准备和选择好有利的罢工机会。因此，他们投入了紧张有序的组织发动工作中去。

首先是做好组织准备工作。1929年夏，陈信材、彭中英、卢宝炫在北港黄屋村调蒙宫成立"渔业工会"组织（后称渔工会），会址设在淡水镇"下水铺"，由高四、妃乌、陈大养、黄大珠等骨干分头去北港、南港、谭北、淡水、那晏做秘密发动工作，先后发动了900多名渔民加入了工会。高四、妃乌被选为工会的负责人，担任罢工的前线指挥，同时挑选了10多名力气大、胆子大的年强人组织渔民罢工纠察队，负责维护罢工期间的治安秩序，以防止渔头栏、资本家和船主阴谋策划的各种破坏活动。渔民工会的建立为渔民大罢工打下了坚实的组织基础。

其次是做好粮食物质准备。这是保证持久罢工和取得最后胜利的重要保证。在渔业工会的会员中，有相当一部分人在岛上没有家眷。考虑到如果罢工时间长了，渔民没有粮食吃，不但罢工不能持久，而且也没有信心坚持到底。于是，他们通过秘密做商人的工作，取得商民协会的同情和支持，筹借了一批粮食，其中陈俊三就给了大米几十包，从而为渔民提供了坚持斗争的物质条件。

组织工作就绪了，由渔工会组织发动全体会员向船主要求提高工资：从过去每月大工4个大洋、小工3个大洋，增加为大工6个大洋、小工4个大洋。船主们不答应，渔工会宣布罢工，全岛各地的渔民纷纷响应。船主得到渔头栏、资本家的支持，认为罢工不会持久，拒绝增加工资。全体渔民随即离船上岸，坚持罢工1个多月，迫使船主无条件答应渔民提出增加工资的要求。在党的领导下，渔民罢工取得了全面胜利。

1930年，渔头栏、资本家由煽动船主刻薄渔工。陈信材、彭中英、卢宝炫等同志决定再次通过斗争制服船主。他们做深入的社会调查，从而了解到每年六七月间，渔民都纷纷从海上回岛上来结账领工资、修船补网和筹备物资；到七月中旬，渔民又纷纷下船出海去汕尾渔场赶汛期。选择这段时间罢工，一方面渔民高度集中，保证有强大的罢工力量；另一方面，从客观上对船主施加压力，迫使他们为了赶汛期不得不尽早答应渔民的要求。据此，陈信材、彭中英、卢宝炫直接组织和领导，由渔业工会的领导高四、妃乌等人在前线指挥。为了使罢工斗争达到有利、有理、有节，他们采取"先礼后兵"的做法，先派高四、妃乌等人为代表去找吴德芳、石采明、吴宏青、周振宏等几个有代表性的船主谈判，提出增加工资的要求：大工每月由6个大洋增加到7.2个大洋，小工由4个大洋增加到5个大洋。且他们郑重声明：若不答应要求，全体（全岛）渔民就上岸罢工。不出所料，船主当场拒绝了要求，

东海岛、
硇洲岛
历史研究

DONGHAIDAO、
NAOZHOUDAO
LISHI YANJIU

并轻蔑地说："又想罢工？谈何容易，量你们也不敢！"高四、妃乌怒气冲冲地说："等着瞧！"

1930年6月中旬的一天，罢工终于开始了。那天清早，渔民就陆续分别从大港、北港、淡水等3个码头上岸，向淡水镇集合。高四、妃乌先后向罢工队伍做简单的动员，他们强调道："这次罢工的目的是为了提高工资，这关系到每个人的切身利益。大家都是工会成员，一切行动要听工会指挥。只要大家同心协力，坚持到底，我们的目的就一定能达到。"他们还反复宣布了有关组织纪律事项。这些简单而严肃的动员，使渔民们下定决心："不取全胜，决不收兵。"在高四、妃乌的指挥下，罢工队伍分成若干小组，分别向船主请愿。与此同时，罢工纠察队也分头执行任务，一部分人前去封锁3个码头，严禁任何人出海；另一部分人在街头巷尾巡逻放哨，维护秩序，防止坏人破坏。在陈信材、彭中英的严密组织和领导下，一次具有深远意义的罢工斗争就这样拉开了帷幕。

这次规模宏大的罢工斗争使船主万分惊恐，他们慌忙召开帮头会，商讨对策。他们错误估计：渔民穷，其中有相当一部分人不是本地人，在陆上无依靠，罢工不会持久。于是他们采取"拖"的对策，企图拖延时间，使渔民因缺粮食而复工；继而策划收买人心，用金钱唆使意志薄弱的渔民出海，以动摇民心，破坏罢工。

陈信材、彭中英早就估计到了船主的这些阴谋，因此，罢工一开始，他们就密切注视着各种动态。为了使罢工斗争步步深入、坚持下去，他们一直秘密召开骨干会议，分析斗争形势，不断进行宣传、鼓动；并及时送发粮食，使渔民吃饱肚子，养足精神，坚持罢工的决心和信心；再者，加强纠察队的巡逻放哨，严肃处理私自出海者和惩罚捣乱秩序的无赖之徒。这样，渔民坚持罢工，致使船主无计可施。

渔民罢工转眼就过去1个月，离出海赶渔汛的日子越来越近了，这时，船主如坐针毡，心慌意乱。他们觉得：渔民罢工以来，已用尽了办法对付，都无济于事，眼下汛期已到，如果渔民再不下船出海，损失将会更大。在心灰意冷中，他们开帮头会研究对策，并和渔民谈判。陈信材、彭中英、卢宝炫意识到这是船主让步的开始，于是迅速派高四、妃乌作为代表和船主谈判。在谈判会上，渔民代表立场坚定、态度鲜明，坚持要船主无条件答应增加渔民工资的要求，否则就要坚持罢工下去。船主代表吴宏青、石采明、周振宏等人看到工会力量如此强大、渔民罢工的决心这么坚决，觉得斗不过渔民，在无可奈何的情况下，最后表示同意按要求增加所有渔民的工资。

渔民们在陈信材、彭中英、卢宝炫的领导下，经过1个月的艰苦斗争，又一次取得了重大胜利。

后来，由于革命斗争的需要，"渔业工会"改名为"渔民协会"，后又称"海晏会"，以林朝浩（后叛变，已死）为会长。这时会员增至1200多人。

"海晏会"在陈信材、彭中英、卢宝炫的直接领导下，组织合作社，欢迎船主入会，共同抵制渔头栏资本家的剥削；同时创办渔民学校（海晏小学），筹款兴建翔龙书院旧址为新校舍；此外，还筹备了演戏，并准备以旧式会景形式来庆祝"双十国庆节"。"海晏会"会员还张贴了许多革命标语，扩大政治宣传，把渔民的革命斗争步步引向深入。

1930年冬，国民党武川县当局发现上述活动后，立即派特务陈黑鬼（吴川黄坡人）到硇洲调查，并与广州湾法帝国主义者（当时硇洲属法国管辖）密谋，企图由硇洲公局逮捕陈信材、彭中英、卢宝炫等人。幸亏妃乌的侄子在法公局里当"八长"，通了消息，陈、彭、卢等10多人当天乘卖咸鱼汁的木船提前离开硇洲，再经徐闻、海口取道去香港。

虽然陈信材、彭中英、卢宝炫离开了硇洲岛，但他们领导的渔民罢工斗争却在全岛产生了深远的影响。他们在硇洲播下的革命火种，在全岛继续蔓延。渔民们于抗日战争时期、解放战争时期又先后多次举行罢工斗争，终于1949年8月，迎来了全岛的解放。

附：土地革命时期驻硇洲的革命工作人员

*海南农运成员：*曾鲁（海南龙马乡农运党组织负责人）、吴比兴、曾孙谦、陈清、云如能、曾廷、陈景尧、谢飞(女)、彭中英（中共南路

东海岛、
硇洲岛
历史研究

DONGHAIDAO、
NAOZHOUDAO
LISHI YANJIU

特委书记)、陈信材、彭廷贵、易经等 10 多人。

遂溪农军：黄凌氏（农军领导人）、黄广荣、陈妃二等 30 多人。

农军：黄玉书、黄芝芪、黄丙才、黄公易等 20 人。

2. 抗日战争时期（1937 年 7 月—1945 年 8 月）

1937 年"七七"事变爆发，日本发动全面侵华战争，中国共产党发出通电，号召全国人民实行抗战，将日本侵略者赶出中国。广州湾人民纷纷响应共产党的号召，组织开展和支持抗日救亡的各种活动。

随着第二次国共合作的建立和抗日民族统一战线的形成，中共广东省委，中共香港海员工会，中共西南特委，八路军驻香港办事处，中共琼崖特委以及遂溪、吴川等地的党组织纷纷派出党员和党组织到硇洲岛所在地区——广州湾开展抗日救亡运动，恢复党组织，发展党员，还在广州湾建立了一批地下交通联络站。

（1）建立交通联络站转运军火电台，接应华侨归国服务团，组织抗日培训班，为琼崖及内地输送革命骨干力量

1938 年夏，曾鲁奉廖承志（八路军驻香港办事处负责人）、陈玉清同志的指示，再次来到硇洲，组织"交通联络站前哨站"，组织"同乡会"接济海外回乡服务团，接洽以后出入工作的同志。不久，香港华侨救济会成立，要在硇洲设立分处，由高谪生负责，但高后来因为账目不清被撤职，所以由曾鲁同志接管救济会职务兼任华侨办主任、难童学校董事长等职。

曾鲁同志一到硇洲，即在淡水鱼鱼街（现名为新华街）30 号 2 楼曾介臣的家设立了"交通联络前哨站"和"华侨救济会硇洲分会"。曾介臣家为了掩护秘密工作，就用红布分别写了"琼崖同乡会""琼崖华侨救济会"两条公开组织名称，挂在大厅上。

"交通联络前哨站"成立后，沟通了香港—广州—琼崖—南洋这条线。大批来往人员和电台、军火等物质，源源不断地经过广州湾、硇洲交通站接运回海南。

1939 年 3 月，八路军驻香港办事廖承志同志，按照中央指示，购买一部 15 千瓦摇发电的无线电收发报机，决定运送给中共琼崖特委，

以建立电台。同年 8 月，这批军用品和电台从香港运回广州湾交通站，由交通员符儒光（化名符拔大、符斯亚）用一木船转运至"硇洲交通站前哨站"后，由曾鲁千方百计找到木船，又派曾卓明（曾介臣的儿子）放哨，在夜里由交通员陈大贵同志乘木船偷渡日寇封锁的琼州海峡，安全抵达琼山县演丰海边交通站，然后由短枪班护送，安全到达独立队部。

1939 年 9 月至 10 月，中央派粤北韶关八路军办事处工作的陈键同志（现于广东省党校工作）到海南工作。他带领中央派来的电台报务员广以弟、机要人李少青等同志到琼崖总队驻广州湾办事处，经硇洲联络站，由曾鲁同志找来木船，偷渡琼州海峡，顺利抵达琼崖特委独立总队部。

1939 年，中央琼崖特委派李森、张刚等人到广州湾西营设立"广东省民众抗日自卫团第十四区独立总队驻广州湾办事处"（简称为琼崖办事处），谢李森任主任、张刚任副主任、陈玉请任秘书。在硇洲岛淡水镇建立联络店，负责人为曾鲁。

1939 年 2 月，海南岛失陷后，大批海南群众和青年逃到广州湾。"八路军驻香港办事处"指示曾鲁同志在硇洲设立难童学校和组织青年抗日培训班，向青年们宣传党的抗日民族统一战线政策，学习毛泽东同志的《论持久战》及农运工作；并以"香港琼崖华侨联合总会救济部"的名义派李启新（原香港工委副书记，现于北京国家安全部工作）、张奋、文竟平到硇洲负责领导工作，兼任培训班政治教员。

曾鲁同志按照上级指示，一方面着手组织难童学校（1939—1945年），先后任高谪生（兼任培训班主任）、何朝溪为校长，教员有泮正儒等人，由琼崖华侨总会出资；另一方面组织抗日培训班共 6 期，由李启新、张奋、文竟平、曾鲁等同志讲课，共培训了 200 多抗日骨干，并向内地、琼崖方面输送。这些人，如陈青山、周顺堂（海口市前书记）、云大东、韩立人、张业轩等，后期均成为我们革命队伍中的骨干力量。培训班的学员大部分是华侨归国服务团成员，从泰国、越南、新加坡、马来西亚、香港等地回国参加抗日工作的。学习地点是难童学校，学员分散在曾介臣的家和其他上街的旧居（新中国成立后，改办渔业中学）。这么多来来往往的人，来往经费和吃饭问题无法解决，曾鲁就和曾卓明（曾介臣之子）办起盐田、养鸡场来弥补经费开支。

1940年夏，党中央又指示廖承志为海南购买一部火力发电的大型电台。海南交通员把电台从香港运回西营（即现在的湛江市霞山区）联络点"裕昌行"，再转入菉塘，不久由林其材、张刚布置林裕、林魁等人将电台转运到硇洲交通站交给曾鲁，由曾鲁转交给交通员符拔大（即符儒光），从海上运至琼崖。电影故事片《椰林曲》中所出现的海上运送电台的惊险斗争场面，就是取材于菉塘、硇洲等地人民给琼崖游击队运送电台的战斗故事。

曾鲁同志从1938年组织成立"交通联络前哨站"至1945年抗日战争结束，除如上所述的转运大批电台军用物资外，还接送了大批党的领导干部，如梁秉枢同志任苏维埃工农红军独立第一师师长时，还有琼崖特区党委李明（即林李明，新中国成立后任广东省省长）、琼崖纵队副司令员庄田及著名烈士符克、李振亚和符思之（中共海口市党委第一书记，当时是香港青年回乡抗日服务团团长）等人，都是取道硇洲由交通站转送至海南的。

(2) 宣传抗日，坚持抗战

1943年夏，曾鲁同志为了筹集经费办好抗日培训班，和曾卓明同志在硇洲六竹港堵海做盐田，在荒野的涂滩边搭起了盐屋。这一带非常偏僻，少人来往，是向广大盐工宣传革命的好地方，于是两人决定在这盐屋内以教盐工学文化为名，把盐工全部组织起来，办起了一个学习班。除学文化知识外，还通过给盐工们宣传抗日道理或讲述革命斗争史、革命英雄故事来宣传革命，激励广大学员的斗志，给他们播下了革命的火种。参加学习的人数由原来的几个人发展到20多人。学习班的组长是招广学（现招屋村的村长），学员有盐工招妃生（已故）、肖和源（下港人）、符和生、窦振福、文卓和三哥（徐闻人）。招屋村群众招振良、招广华、招广会、招广和、招广新、招广存、招振光、招保琼、邓令枚、邓庆祥、陈妃琼等学员，经过几个月的学习，觉悟提高了，许多学员在抗日战争中和解放战争中起到了积极作用，有的加入共产党，有的当了国家干部，有的是生产积极分子。

人民群众忍受不了日本鬼子的铁蹄蹂躏和地主、渔头栏的剥削压迫，于 1943 年在谭良智的倡议下，谭建达同志和谭井村的几个知心好友共商，组织抗日"同心会"。会长谭建达，副会长谭妃木，会员有谭建道、谭开进、洪光育、谭建昌、谭开义、谭妃红、谭明昌、窦常真、谭成富、梁仁文、叶承志、谭良智、谭开益、谭芝香、谭芝清、谭芝比、洪汉余、洪汉由等 20 多人。"同心会"发动群众献出 1 批武器，如单刀、铁尺等 100 多件，进行反侵略、反剥削的革命运动。

1946 年 11 月，"同心会"组织与王玉山同志取得联络，参加办夜校和在各个村庄相互串联，扩大夜校组织。谭井村的"谭氏宗祠"夜校有学员 40 余人，由谭建达任教员。王玉山同志经常到各夜校向学员们宣传革命，还教唱革命歌曲，把夜校的学员组织起来来支持革命斗争。

年底，日方在谭井村的岭顶插上了日本"红膏药"国旗，表示他们侵占了的领土。"同心会"的会员非常愤慨，立即组织了拔旗组，实行拔旗斗争。日方白天插旗，我们夜里拔旗，弄得他们束手无策。

日方经常在谭北附近的海面上抢劫我们渔民的鱼虾和伤害渔民，"同心会"的成员为了减少渔民被抢劫，在谭北村附近在岭顶上建立了瞭望哨，监视从西营方面来的船只，一发现敌情，立即通知渔船回避，保卫了渔民们正常出海生产。

附：

抗日战争时期驻硇洲的革命工作人员：

曾鲁，中央硇洲支部书记、硇洲交通联络前哨站负责人、香港华侨救济会硇洲分会主任、广东民众抗日自卫团第十四区、独立总队硇洲联络点负责人、硇洲难童学校董事长；

曾介臣，硇洲交通联络前哨站成员；

符儒光，交通员；

陈大贵，交通员；

李启新，原香港工委副书记、硇洲青年抗日培训班教员；

文竟平，硇洲青年抗日培训班教员；

高谪生，硇洲青年抗日培训班班主任、硇洲难童学校校长；

何朝溪，硇洲难童学校校长；

泮正儒，硇洲难童学校教员。

硇洲青年抗日培训班学员：

陈清山、周顺堂、云大东、韩交人、张业。

（三）抗战胜利后至新中国建立前的硇洲岛

1. 硇洲岛人民革命斗争史实（解放战争时期）

1945 年 8 月 15 日，日本宣布无条件投降，抗日战争胜利结束，开始进入解放战争时期。中国共产党发表宣言，主张和平、民主、团结，实现全面统一，建立独立、自由与富强的新中国。国民党反动派却积极准备内战，抢夺抗战胜利果实。同年 8 月 18 日，中法两国签订《交收广州湾租借专约》，广州湾从此回归祖国。

国民党反动派在广州湾成立了南路行署广州湾警备司令部。不久，又将原广州湾租界划设市治，改名为湛江市，成立了市政府，任郭寿华为市长。湛江市政建立后，加强对人民的统治，建立了自卫大队，每个大队二三百人；各个乡都建立 1 个乡中队，每队 20 至 50 人；有的地方还建立保安队，每队 5 至 50 人；还组织了警察中队、特务中队、谍报队、侦察队等。这些反动政权、反动武装、特务组织一经成立，就和邓龙光的正规军紧密配合，对游击区进行残酷的"清乡扫荡"，妄图把雷州地区的党组织和人民武装连根拔掉，在雷州地区建立法西斯独裁统治。湛江市党组织领导湛江人民同国民党发动派进行针锋相对的斗争。

1945 年 9 月 20 日，广东雷州地区党委根据中共中央关于"分散坚持"的指示精神，决定当时的工作方针：一方面是坚持斗争，保存武装，保存干部；另一方面是做长期打算，准备将来合法的民主斗争。因此，中共湛江市特委抓住国民党在农村建立保甲制度的时机，派党员到市郊农村担任保、甲长，加入农会、妇女会和儿童团等群众组织。硇洲人民在党的领导下，开展轰轰烈烈的斗争，迎接解放。

（1）组织革命武装，建立"白皮红心"政权　扩大革命组织力量

1946 年春，王玉山同志（中共电白县委办公室主任，现已离休）受上级党委组织委派至谭北片开展革命工作。他首先在谭北湖村以办学为名，认识了该村的窦文山，通过窦文山组织群众办夜校，校址设在丽水村（现在的担水村），有 50 多名学生。王以家访为名分别在谭北一带向群众宣传革命道理，灌输革命思想，教学生《纺纱女》《送郎参军》等革命歌曲。

春节后，王玉山同志又带来 1 位女教师王菜重（又名王仲，是上级派来工作的同志），在谭北一带开展个革命工作。他们以家访为名深入各个村庄发动群众，组织进步人士参加革命活动。

1946 年春，进步青年余乃文在谭北谭青小学（现谭北小学）当教员，和窦文山等人密切配合，互相联系，宣传革命，反对国民党法西斯独裁统治。

同年 3 月，正当国民党选举第 2 期保长之际，进步青年窦文山、谭良智、窦锡爵等先后打入国民党反动派组织，当了"白皮红心"的伪保长，给革命同志通报情况，支持革命工作。窦文山、谭良智、窦锡爵到各保联系保长，开展反对伪区长孙宗策下乡乱抓壮丁、乱收丁税的活动。为了稳定民心、安心生产、支持革命，窦锡爵同志又串联了全岛各保长联名抗议伪区长孙宗策，并写了状送伪市政府，控诉孙宗策以抽壮丁为名，向群众敲诈勒索、贪污军饷，迫使伪市政府撤掉孙宗策伪区长职务，伪区兵谭妃金被判坐牢。

1946 年 3 月，黄德光同志（新中国成立后任湛江市郊区文化局局长，已故）来硇洲和余乃文、窦文山一起进行革命工作，他们长期以开武馆为名组织反对国民党独裁统治的革命力量。他们分别先后在谭北湖、谭井、大问及淡水街等地开展活动，由许武胜为武师，一时参加武馆训练和夜班学习的累计达 500 人之多，反对国民党反动统治的力量越来越大。

同年 6 月，上级党组织指示分别组织发动农会、渔协会，进行退租、退押和反抽丁、抽渔税等斗争。

同年秋，由于我革命力量迅速发展，国民党反动派疯狂反扑，形势

东海岛、
硇洲岛
历史研究

DONGHAIDAO、
NAOZHOUDAO
LISHI YANJIU

严峻。应革命的需要，按照上级党组织"分散坚持"的指示精神，经郭蔓果（现系国家安全局顾问）指示：曾鲁同志暂离硇洲，赴逻组织华侨回国参加新民主主义革命工作。临别前，曾鲁指示曾卓明："应革命的需要，我调离广州湾出国，另有任务。你不要灰心，要继续革命，要与党组织取得联系，胜利的曙光即将到来……"曾鲁走后，曾卓明同志按照革命前辈的指示，继续做好革命工作。

1948 年 8 月，中共硇特区由中共高雷地委领导，下设东海、硇洲党组织，东硇区委书记为唐克敏，副书记为林宏发，委员为王玉颜、梁超、唐平、许锦理。林宏发同志多次带林均同志到谭井、谭北湖等村指导工作，使当时革命工作又进入高潮，革命烽火燃遍了整个海岛。被震动了的国民党反动派从东海调出部队到硇洲谭北的各个村庄进行"围剿"，追捕我游击队同志和上级派来的革命同志。在国民党内部当"白皮红心"的伪保长谭良智及时给革命组织通报情况，使国民党几次"围剿"谭北捕捉我革命同志的计划全部落空。国民党交不出壮丁款，要来谭北各村庄抓壮丁。谭良智同志立即和"护村队"的谭建达等到各村庄通知合龄的壮丁马上避开，使国民党一个也抓不着。就是这样，保护了我们的革命实力，愚弄了国民党反动派。

1948 年冬，许绍昌同志安排曾卓命在淡水街发动商界和居民给革命同志捐献物资，支持革命。淡水各界人民为了革命捐献了 1 批衣物：面巾、布胶鞋、背心、衫等，由曾卓明亲自送北港税站交谢荣信同志（系湛江市中国出口公司负责人，已离休）转给革命部队。

各村村主任和革命群众随时向革命队伍递送情报，使革命力量保存下来，不受损失。为了向上级汇报工作和接受上级指示任务，谭北渔民窦大登、窦志海、窦迁远等经常用渔船接送革命领导同志到东海岛。有一次同志们在谭北小学开会时，被坏人告密，国民党反动派派军队包围了学校，得到村民窦锦山赶来报信。林宏发、林均掩护大部分同志及时撤离。而他们两人来不及离开，就急中生智走进课室拿起课本，伪装向学生讲课的老师，终于避开了敌人的围捕。来报信的谭锦山却被国民党兵抓走，用枪头击伤了胸部，后因伤口发作而光荣牺牲。

同年 9 月，国民党反动派的军队又一次到谭北湖村"围剿"，正在给群众宣传革命道理的许义昌同志来不及撤退，急忙跑到窦志海家。窦急中生智，脱下衣服给许义昌换上，并顺手给他挂上一顶草帽，伪装去田野里割牛草，方摆脱敌人的追捕。

(2) 组织武工队，公开武装斗争

1948年6月，东硇特区派海鹰连副指导许义昌和林盛（海鹰连连长）、沈兆梅（海鹰连副连长）、许绍昌、许太其、许荣昌等到北港，通过渔工陈大养、林妃四和渔老板的儿子周成熏（进步青年，现于电白县任镇长），由林立胜去向罟帆船老板借枪。老板不同意，理由是：①要防海贼，要有枪保护生产；②怕被国民党知道借枪给我们，会没收其财产。经过我军反复思想教育和要求，说明我们也是为了消灭海贼和保护人民的利益，解放全人类，老板才答应借枪。且我军承诺：仅是借一部分，不影响大局；我们保密，不让国民党反动派知道；我们要千方百计保护人民的生产安全。老板借了轻机4挺、步枪40支、手枪2支，当晚运至东海民安丹雾村，天刚亮，就交给海鹰连。当天中午又遇上东海区伪区长兼自卫大队队长赵震东的兵来丹雾村收粮，海鹰连跟他们打了一仗，把他们赶回炮楼。

1948年8月，中共雷州地委发出"向新地区发展，巩固老地区"的指示，东硇特区党委决定：为了扩大武装，在硇洲成立武工队，派许义昌、许绍昌、许太其、许荣昌、许建祝、梁兴贤、林桑时、许太连等8人组成武工队驻硇洲，指定许义昌任总支书、许绍昌任队长、许太其任副队长。武工队来硇洲时，通过东简交通总站余世金同志安排并亲自带至林棚村陈应容家住下，经领导介绍找到余乃文同志。当时，国民党向老百姓抽丁、抽税很重，海贼和土匪冒共产党的名，到处向群众抢劫、抗税、抗粮。武工队的第2个任务是：清匪打击海贼，为民除害。人民拍掌叫好。

国民党反动政府为了反共、防共、剿共，到处加紧抽丁、抽税。武工队一到硇洲，就发动群众抗税，期间曾发生过这样的两件事：

有一次，国民党不知道我们武工队许太其同志在北港，派了3个兵到北港赌场收税。许太其知道了，把他们抓起来，给他们训了一番："……这是我们共产党的天下，今后不允许你们国民党到这里来……"他们只得唯命是从，夹着尾巴跑了。

又一次，有两个国民党兵杠着长枪到谭北湖村、谭井去抽丁收税，亦被许义昌、周玉和梁广赤同志把他们抓去佬马村训话："……农村也是我们共产党的天下，不准你们来征粮、抽丁、收税，今后发现你们再来，我们决不留情！"于是他们灰溜溜地跑了。

从此以后，国民党兵就少出来征粮、收税了。

武工队进驻硇洲后，为了"扩大队伍，增强实力"，进一步和国民党开展针锋相对的激烈斗争，上级于1948年底至1949年初又先后增派林桑时（高雷地委、东硇特区书记林宏发同志的保卫员）、杨培林、梁教养、周玉、余习隆、林伟、习锦南等同志来硇洲，还从本岛吸收了一批革命积极分子：黄锡初、黄妃三、黄妃四、梁广赤、洪德胜、谭庆昌、王吴兴、黄妃能、曾日才、谭九疗等人来充实武工队组织，跟国民党开展公开激烈的斗争。

（3）建立流动税站和武装排，扩大斗争力量

共产党的武工队，扎根在群众之中，深受群众热烈拥护。为了支援前线，1948年底，经上级同意在北港黄屋村建立流动税站。起初，由何特（又名何天颂）负责，征收员是唐觉、许妹、吴九葵、许锦南、余永信、许吴锦、杨贰。1949年初，由谢荣信任站长。

为了保护流动税站按时完成任务和工作人员的安全，同时建立一个武装排，排长为谢主（生哥）、副排长为朱兴贯，成员是朱美、吴桂、余尾、谢宜美、陆桂米、朱保、余肚、黄妃逊、朱炎、吴壳头、谭宏略、许妃顺、许妃生等30多人。

后来，又分别在谭井和淡水设税收店。谭井税收点负责人是叶承志、谭开义，淡水税收点负责人是王吴兴。收到的税金，当天夜里就冒险送到北港税站。

税站和税收点的成立，大大地支援了部队，解决了供给问题。曾卓明到北港小学当校长期间，许绍昌等同志经常来学校指导工作。许指示曾卓明负责了解敌情和淡水街方面的敌伪实力，要曾随时报告。有一次曾卓明获悉东海的伪区长赵振东带兵上硇洲岛，准备要在次日到北港围捕黄屋村地下工作站的同志，便立即乘小船去向许绍昌报告，地下工作

站的同志随即转移。次日，敌伪果然包围了黄屋村，结果扑个空，只是开枪扫射了几下就走了，而我们的同志和群众却安然无恙。

（4）建党建政，巩固政权，扩大斗争

1948年底至1949年初，随着形势的发展，为了适应武装斗争的需要，我军建立和健全了以下机构：

①交通情报站：

进一步调整、充实和完善了1946年秋已初步建立起来的交通情报站和可靠的农村组织。在全岛建立1个联络站，设在谭北湖窦志海家，由窦志海、窦迁远负责。下设6个联络点：那晏村梁国旺、那林村邓明川、淡水街余琼林、谭井村谭良智、讯地仔小学窦庭梅、大伦村窦定昌。这样一来，更便于互通情报互相联络。

②党团组织：

在武工队党总支的领导下，1949年初，在农村中扩大了我们的党组织，建立党支部，发展新党员：谭良智、陈大养、窦庭梅。同年7月，上级又派黄海藏同志到谭井村以教学为名，从事革命工作，同时吸收了叶承志、谭开宜为共青团员。

③农会、渔工会、妇女会及民兵组织：

在农村政权方面，1947年林宏发来硇洲做发展新区工作时，已初步建立。凡当甲长的，一定要武工队或农会审查，同意后才能做。全岛的甲长都是我党的人，建立了"白皮红心"的两面政权。通过他们做内线工作，伪区政府有什么活动，我党都十分清楚。

1948年9月，罟帆队渔工很多，在现在的红卫（即罟帆队）成立渔工会，会长陈大养，副会长林阿四，骨干有吴均满、石德胜、石妃彩、那佳、周成熏等。

继于渔工会恢复和壮大之后，遵照上级指示：在全岛的农村，普遍成立农会，同时组织民兵队伍。有条件的发动妇女组织妇女会及"帮工会"。根据硇洲的村庄小而分散、大村甚少的特点，在成立农会时以国民党的"保"为基础（即现在的管区），大村成立农会，小村成立农会小组，农会小组属农会领导。民兵组织有各种形式，如民兵队、巡逻队、帮工队和妇女小组等。

通过以上的群众组织，更有利于我们向群众宣传革命道理，宣讲苏联红十月武装斗争夺取政权取得革命胜利的历史，揭露国民党反动派对日本采取"退让投降"的政策，实质是卖国求荣的腐败主张，提高了群众的思想觉悟；还有利于发动组织进行"退租退押"和反"征兵、抽税"，及组织渔民继续罢工的革命斗争。

1948 年 11 月，岛上有土匪假共产党的名义，到处打劫、勒索，曾卓明同志及时向许绍昌同志反映。几天后，许绍昌、许锦理（原东硇特区党委，曾任湛江市城建局副局长，已离休）带余尾等几位同志到北港小学联系曾卓明，安排了个人工作，并派人到处寻找 3 个有短枪的土匪（包括大眼黄和高佬林），引他们进校"商量"工作。他们一进校，立即被我们智擒，随即押送东海岛，由上级处决了。为民除了害，巩固了治安，人民欢欣鼓舞。

（5）保护群众利益，英勇与顽敌搏斗

某年农历十月初五，我游击小组探悉：有 1 只南逃的国民党军火船停泊在硇洲淡水的渔港。情报站告知给武工队后，许绍昌同志立即安排谭芝清、洪汗余、谭何清、洪田光于深夜开 1 只渔船到淡水，以捕鱼为名侦察敌情，被国民党军火船发现后开枪射击，年轻的谭芝林同志中弹牺牲。这时引起了国民党的注意，其便派出陈一林（后于 1049 年起义）的 1 个连"围剿"谭井村，被我"护村队"发现，谭建昌、谭开进立即向正在谭良智家开会的许义昌、何池等报信。眼看逃不脱了，谭井村的群众及时取出旧衣服和渔网给许义昌等人化装转移到该村边的七平仔的石沿里隐藏。国民党军队进入村后，逐户搜查，抓不到革命同志，就洗劫群众的鸡、鸭、鱼、衣服等财物。当时英勇的谭建达、谭开益、谭建生等带动"护村队"和国民党对"抢"。谭建达在搏斗中被国民党兵用枪托打伤胸部，口吐鲜血。这激怒了全村群众，群众纷纷起来向国民党军官提出严正的抗议，迫使他们从士兵身上搜出被劫的财物，退还给群众。有一军官义愤填膺，用乱棍将伪兵打得半死。

谭建达同志因受伤过重，抢救无效，光荣牺牲了，群众沉痛地哀悼这位为革命献身的烈士。

(6) 短兵相接，截击区中队

自武工队进驻硇洲后，仅和国民党较量过一次，而就这么一次，却吓得国民党闻风丧胆，再不敢出来惹我们了。所以流动税站在北港成立顺利。驻西营（霞山）的国民党部队也不敢出来打我们，但硇洲的区中队可忍不住了。1949年初，我们收到一个情报：区中队准备开到北港攻打我们的税站。我们的武工队、武装排及税站的全体同志集中，严阵以待，准备迎战。适逢大流，估计他们是从海上来，故控制了船只，集中武装力量。果然，他们从海上来了，我们先发制人，打了两轮枪，他们就夹着尾巴跑到坡上，溜了。双方都无伤亡。国民党再也不敢来农村收粮食税了。他们要收粮食只能通过保甲长开会摊派一点点，且必须经过武工队和农会的同意。他们官兵只能龟缩在窝里苟延残喘，再也不敢出来了。

(7) 政策攻心，伪区长投诚，硇洲和平解放

1949年4月21日晨，中国人民解放军渡长江南下。大军渡江后，广东和雷州地区的形势发生了新的变化。广东敌军为苟延残喘作部署，除62军153师原驻雷州地区不动外，在6月份还增调151师和163师到南路，62军军部也从广州迁驻湛江，其中151师则增驻雷州地区。

1949年5月17日，中共中央华南分局向各地党委发出指示："南下大军是攻打城市的。因此大军未到之前，我们务必将农村完全解放，控制在我们的手中，以便到时大军可集中力量解决城市工作及追歼残敌……"

1949年6月上旬，中共雷州地委根据粤桂边区党委的部署，为贯彻中央华南分局的指示，在海康东里下湖村召开了会议，为大军渡江后的形势做了全面的系统的分析和新的工作部署。会议强调：我雷州地区全党、全民在思想上要对这一形势有充分的认识，要积极出击，解放农村，迎接大军的到来。

1949年8月1日，中国人民解放军粤桂边区纵队政治部发出《告国民党军队官兵书》，号召国民党官兵认清形势，将功赎罪，投入人民的怀抱，走向光明。这对继续策动国民党官兵投诚、起义起着积极作用。

1949年10月15日晨，驻湛江市的国民党62军直属部队在中共中

央华南分局、粤桂边区党委的直接策动和领导下，有计划地进行起义。

国民党 62 军起义的第 2 天，许义昌、许绍昌、许太其等到东海西山村去参加司令部召开的重要会议，会议决定：趁 62 军起义之势破如竹，立即发动群众大造声势，逼迫国民党、政、军起义或投诚。

1949 年 10 月 16 日上午，武工队许荣昌、税站谢荣信同志带领全体武装、地方工作人员、民兵和群众共数百人包围了国民党伪区政府。根据南路司令部的指示精神，结合硇洲国民党内情，对伪区长李升平态度进行研究分析，采取措施。我们经研究决定：找来国民党代表陈国卿、商会会长朱宏深、王兆隆和老其壮，先向他们讲清当前的形势和共产党的政策，请他们带我们到国民党伪区政府围墙门口，再向李平升讲中国人民解放军强渡长江、大军南下和 62 军起义之事，特别是全国即将解放的大好形势，宣传我党对起义、投诚及投降者的宽大政策，劝李平升投诚。后通过国民党代表陈国卿等人请李平升出来，到王兆隆家中做具体谈判。我方参加谈判的有许义昌、许绍昌、许荣昌、谢荣信；国民党参加谈判的有李升平、陈国卿。谈判开始，先由许义昌讲全国解放形势，62 军起义形势，说明他们早已被我们重重包围中之，何去何从，由他选择。李升平提出：①保证他们的人身安全；②保证他们的私人财产；③派船护送他们不愿再干的人返西营；④发给他们路费。这些条件符合我党的宽大政策，我们都答应了。关于路费问题，由商会筹措解决。我们要求他将武器弹药全部集中，士兵全部离开，由他们派人清点。我方共缴获轻机 1 挺，手枪 4 支，步枪 81 支，子弹 1 批。

硇洲解放了！

硇洲和平解放后，党组织决定在硇洲淡水把青年组织起来，以便进行革命宣传教育，发挥他们的作用，支援我南下的解放军，于是在淡水成立"新民主主义青年会"。许义昌、许绍昌、许锦理研究决定派曾卓明任会长，会员有吴华会、赖景贤、陈建中、叶庆绿、周水秀、林冲、孙才、梁启义、赖养、杨廷章、杨廷光、廖德明、肖福全、陈宏益等100 多人。会员通过宣誓才入会，监誓人是许义昌。会址设在淡水新华街卫生院门诊的旧房子里。青年会主要是宣传党的方针、政策和支援我南下大军的后勤工作及迎接解放海南工作。

伪区长李升平被迫投诚后，觉得败在硇洲的"土八路"手中很懊悔，犹如丧家之犬，狼狈地跑回湛江市向其主子请罪。林英（国民党粤桂边区司令）限令他3天之内夺回硇洲。于是李升平带领200多名国民党残兵败将乘"金星号"号轮船，从西营来硇洲，妄图卷土重来，东山再起。其刚来到淡水海面，就被我方发现，武工队立即组织全岛军民集中火力把其击退。后来，他们又在海面抓到了几艘群众运输的帆船，企图强行登陆，不料该船的船工不愿为敌人卖力，千方百计在海面上拖延时间，迟迟不予靠岸。国民党军狗急跳墙，欲迫使两艘帆船靠岸，但稍一近岸，就被我们的机枪击沉，大半敌人葬身于大海。李升平见伤亡惨重，只好盲目向岛上乱放几发炮弹，就逃之夭夭了。

(8) 阻击国民党军南逃，缴获大批军火

①强歼汤恩伯残部：

1949年农历八月十六（公历10月7日），汤恩伯残部从广州撤退海南岛，航经北港的两艘木帆船因绝大部分官兵晕浪、昏迷不醒，不能前航，停泊在北港海面。当时谢荣信已发现这两艘船，便和黄妃三赶到港口。群众说："港外有两艘敌船……"话未完，忽看到四人乘艇仔上岸，谢荣信派黄妃三搜这四人的身，全无武器，便派会说普通话的陈德与这四人谈话，从中了解敌情。开始他们什么都不承认，后来仅承认是后勤部，没有枪支，船夫也说没枪；再追问，又承认仅有80支枪；最后我们限令不讲清楚就杀，他们才承认是国民党汤恩伯的残部，官兵共有300多人，轻、重武器1大批，他们分别是副团长、营长、排长、士兵。在我们的威逼下，他们表示同意投降，写投降书。因税站人员不足，我方马上通知武工队来配合，当即派黄妃三和伪兵带投降书上敌船，招呼船上敌人投降，并叫敌人出示投降符号与陆上联系，交代船夫将武器运上岸。虽然敌方出示符号，但不愿把武器交给船夫运上岸，我们武工队立即开轻机扫射敌船。敌人接连挂起投降符号，谢荣信、黄妃三等乘机登上敌船。敌人想把火箭筒抛下海，看到我们枪口指着他们的胸膛，听到我们宣传优待俘虏政策，才乖乖地投降，愿意交给我们渔船运枪支弹药。但因船少，谢荣信又上岸找船把武器和人均运上岸，留黄

东海岛、
硇洲岛
历史研究

DONGHAIDAO、
NAOZHOUDAO
LISHI YANJIU

妃三看船。运完军火物质，招呼300多名伪官兵上北港吃饭，然后宣布政策，把军犬留下，发给每人4个大洋，让300多名官兵乘原来那两艘木船开走。我们所缴获的武器，由许绍昌运送东海交粤桂边区司令部唐坚。

②智取虎门逃溃兵：

1949年10月，硇洲解放后的某一天，在北港的港门前海面上，停泊着一艘"临高船"。人们以为是客船，黄妃文驾驶着小艇，一靠近大船就发现船上有许多国民党官兵和各式各样的枪支、大炮。他想立即将小艇掉头回去报告给武工队，却被敌人发现，立即命令他把小艇靠近大船。面对敌人的枪口，他机智地指着岛上的五星红旗说："这是共产党的天下。"敌人不信，命令一个特务长和两个士兵跟着小艇上岸打听情况。两个敌人一上岸，就被我们扣留了。经审问得知，他们是国民党驻虎门独立团的部分官兵，感到广州难以把守，所以将一些辎重武器装备运到海南岛；船上有157名官兵，因途中被风浪打坏了船舵，不能行驶，所以停泊在港门的海面上。

我们研究决定，想方设法拖住敌船，将特务长扣下，放回士兵，命令他回船后叫船上的官兵举旗投降。同时，我们放了几轮枪，吓唬敌人。接着，唐觉、黄妃三、黄妃四三人上敌船。不料敌船遇到一阵风浪，把船继续向港外漂出，当时大家都很担心，生怕敌人把船开走了，我们的三位同志性命难保。幸亏舵坏了，船开不出，我们的三位同志都懂水性，会开船，又把敌船驶入港内。于是许义昌、许绍昌、陈东、谢生、唐觉、许妹、许太连和陈德（投诚人员——62军营部文书）等13名同志登上敌船，只见敌人大多数晕船，有气无力，躺在船上，但也有敌兵值班。我们命令敌兵通知军官上岸谈判，要他们投降。不久，有敌副营长二人上到岸来与我方谈判，同意投降，让一副营长回船做说服工作，约定半个小时后举白旗为号，表示投降。半个钟头过去了，船上没有动静，我方逼不急待向船上开枪。一排火力扫射后，还是没见敌人有什么反应。到了晚上9点多钟，我们又由许太其带领5名同志乘一艘小船靠近敌船，每人一手拿枪，一手紧握手榴弹冲上船去，吓得敌人心惊胆跳，问我们是什么部队。我们随便答是某部队，司令部在岛上。敌副营长见我们对答如流，表示同意投降，并问我们如何对待他们。我们将党的政策做了说明，并郑重地说："投诚后，愿留者则留，我们欢迎；不愿留者，我们也不反对。我们还发路费，保证你们安全回家。"但有个敌军官说："我们共有 20 个营级军官，每人至少要发 1000 个大洋做路费，才能投诚，不然不干。"为了稳住敌人，我们说："待见我们的司令后一切都好说，当官的当然更加优待。"敌长官听后，便令士兵放下武器。我们请来了东硇特区领导林宏发、许锦理和国民党军官谈判。我方参加谈判的还有许义昌、许绍昌，敌军参加谈判的有 4 个人，团长、副团长、团参谋、营长各一人。谈判开始，先由林宏发同志讲全国解放形势，大陆即将解放，说明国民党大势已去，同时向他们说明我党的宽大政策，号召他们向共产党和人民投诚，争取宽大处理。他们看我们不是正规部队，一开口当官的就要 1000 个大洋，当兵的每人要 400 个大洋，采取拉锯式谈判。主要是他们中的几十个军官不肯交出手枪。我们拍台打椅，他们都不肯把全部武器交出来。我们要他们集成队伍，武工队的神枪手许荣昌、许太其、林桑时、许绍昌紧握手中枪对着他们，加上许荣昌带有缴获汤恩伯残部的一只狼狗，向一个顽抗的军官一指，给他们一个下马威："不缴就杀！"狼狗立即咬住这军官的脖子，军官发抖。接着谢荣信有意识地拉开嗓门虚张声势："他们若不顺从，请林司令（林宏发）、陈参谋（陈德）、谢炮兵营长（谢生）下令开炮，全歼他们。"敌人听到后，胆战心惊，交出身上的手枪，全部投降。有的不甘心，把手枪丢在沙滩上。我方发给他们路费：当官的每人 40 个大洋，当兵的每人 8—10 个大洋。这次共俘敌 157 人（营级以上军官 20 多人），缴获步枪 400 支，高射机枪 3 门，火箭炮 3 门，六零炮 16 门，重机枪 8 挺，手枪 13 支，轻机 60 挺，弹药一大批。经林宏发同志指示，把缴获敌船的武器、弹药分四艘木船运至徐闻外罗港交给南路司令部谭国强、花郑同志。为了保护刚刚夺得的政权，预防敌人的反扑，缴获的这批武器经上级同意也给硇洲留下一些，作保卫胜利果实之用。

不久，武工队又在硇洲渔民的协助下，截获国民党运输船两艘，缴获军用物资、医药和白银一批。

③军民共擒南逃溃敌：

1949年11月，国民党败军从电白搏贺向海南岛溃逃。（同年10月已有5000多名伪军从湛江撤回硇洲淡水调息。我们税站暂时撤离淡水镇重返北港。）有一天，大雾弥漫，有两艘原属硇洲的罟帆船(硇洲罟帆船有党组织、有工会)被敌军强迫运枪支、弹药、医药、军装和银圆等，却因雾大无法冒险前航，被迫在北港海面停泊。由于缺水缺粮，伪兵不服水性，多数晕浪卧倒。船工黄妃妹等早就不愿运敌到海南。见此状，大家换个眼色，准备智取敌人，船工对敌兵说："这里是解放区，港口北面是解放军司令部，你们要注意，不给共产党发现，一被发现，就会用大炮打沉我们的船。"敌人被吓破胆了，互相督促下船舱。船工将舱口盖实，用大石头压严，船工急忙派二人到税站报告。

当时在税站的五位同志迅速研究，一致认为："虽然敌我力量悬殊，但敌人是惊弓之鸟，丧失了战斗力，我们争取速战速决，完全能制服敌人。"船工还怕我们五个人缴不了这么多敌人的枪，就和我们一起定计，找了个空舱，我们五个人分两组，分乘两条小木船。谢荣信、陈德为一组；谢生、许荣昌、黄妃三位为一组，各组负责控制一艘船，假装渔商下船买鱼。他们刚登上船，就由船工协助，马上把守船舱口，用枪指着敌人叫道："你们全被解放军包围了，缴枪投降不杀！"敌人不知底细，只见枪口指着头顶，慌忙举手投降，一个个从船舱里钻出来，由我们拉入空舱。因当时已有5000名国民党兵在淡水调息，我们缴获的武器和降兵要运走，其他水路却不能航行，不得不将伪军躲藏的那个空舱钉紧，经淡水海面运到东海岛内林村转交给粤桂边区纵队处理。

④优待俘虏，伪军谢恩：

1949年11月初，敌63军的36艘船只运载大约几千名官兵向海南撤退，在硇洲岛淡水港前海面停泊了两天。在此情况下，我们仍然坚守在战斗岗位上，并分头做好安定群众情绪工作。第三天后，敌船陆续离去，但有一艘大木船，船上有100多名官兵和家属，因缺水缺粮，驾驶至沙滩边。船开不动了，几天后，他们因缺水缺粮，下船到沙滩上找水源，采螺子、小鱼虾充饥，已饿死几个人，大部分已饿得奄奄一息。

我武工队、税站同志把他们全部俘虏，按优待俘虏的政策，把他们送到大陆，让其回家。他们说道："国民党丧尽天良，军船多次经此驶过，我们三番五次求救，全无理睬。我们的生命是共产党赐给的，共产党是我们的救命恩人，永世感谢共产党。"

(9) 军民团结一致，艰苦守卫海岛

1949年12月9日至1950年1月3日（农历十月二十至十一月中旬），驻广西的国民党白崇禧部向海南撤退，途径湛江，经常有1—2艘军舰停泊在东海岛的龙腾湾，到处搜查我党的工作同志和到农村抢粮、拉夫、抓丁。我东硇特区党委遵照上级指示，暂离东海岛，撤到海康东里镇。当时许义昌同志组织硇洲党支部讨论研究"撤"与"守"的问题，一致认为硇洲的基础好，地理条件更好，全岛海岸线（除淡水线）都是暗礁，舰艇船只不易靠岸，易守难攻，因此决定动员全岛群众、民兵配合乡武装队，坚守海岛，保卫海岛。我军的口号是：党、政、军、民，团结一致，同甘共苦，不怕牺牲，排除万难，保卫硇洲岛！同时，我军把民兵和群众组织起来，分别配合乡武装队，划片分工，昼夜值班，巡逻放哨，监视敌人。适逢隆冬，是过去30年来最寒冷的一年，朔风怒吼，淫雨纷飞。我们的干部战士单衣缺食，仍坚持带领民兵、群众披蓑戴笠，坚守岗位，昼夜不息，巡逻放哨，全岛群众无不翘首称赞。淡水的工人、商人、居民主动捐款，送猪肉、粮食、衣服等送到我党驻地表示慰劳；津前、南港、谭北、孟岗、咸宝、北港等村庄多次送大批黄花鱼慰劳守岛人员。终于在同年12月20日迎来了南下大军进驻硇洲岛。

(10) 防匪防特，抓获国民党高级将领

1950年3月，根据湛江市委的指示，为了防止反革命分子在解放海南的战斗中内潜外逃，维持革命秩序，四月份在硇洲成立检查站，在人民群众的共同的协助下，为清查坏人和维护社会治安做了大量的工作。当时经检查站检查的国民党官兵共1000多人，对凡持有中国人民解放军遣返证明的给予放行；对没有证明、来历不明的扣下审查；对海上来往的船只也认真检查，严加防范；对有嫌疑的彻底追查，不容坏人漏网。由于检查站的许太其、谢生、谢宜美、陆桂米、吴克头等同志认

东海岛、
硇洲岛
历史研究

DONGHAIDAO、
NAOZHOUDAO
LISHI YANJIU

真负责，当时被查获的反动军官和特嫌疑分子等共 30 多人，其中地位最高的是国民党 62 军军长李宏达、团长李智。他们两个是受派内潜的特务分子。检查站还搜获了一批金器，金块、金条、金链、金牌等共 3.6 斤；另有港币 4 万元。由许锦理、许太其、谭开义及三名武装人员把查获人员和全部财物押解中共湛江市委，由赤坎公安接收，后由市委转解给省委处理。

（11）动员全岛军民，支援解放海南岛

1949 年 12 月 19 日湛江市解放。在广东大陆解放时，国民党广东省政府主席薛岳受到蒋介石的指令逃到海南岛，成立以薛岳为司令的"海南岛保卫司令部"。盘踞在岛上的国民党军队有 5 个正规军，50 多艘大小艇，1 个空军大队，20 余驾飞机，总兵力 10 万余人。薛岳为了挽救其覆灭的命运，防范我们解放海南，以一半的兵力"围剿"我五指山中心根据地，妄图消除其心腹之患；另一半兵力在琼州海峡组成海、陆、空立体防线——所谓"伯凌防线"（薛岳字伯凌）。党中央毛主席、朱德总司令根据当时形势果断作出决策：抓住时机，抢在台风到来之前的冬春季节，迅速及时解放海南岛。中国人民解放军 40 和 43 两军于 1949 年 12 月底进驻雷州半岛，开展渡海解放海南岛作战工作准备，南路专员公署和湛江市也成立支前司令部，发动群众以人力、物力、财力支援解放海南岛。43 军 128 师 383 团二营进驻硇洲，指挥部设在淡水海边街吴炳发铺内 2 楼，电台设在乡政府 2 楼，部队分别驻在淡水、津前、下港，乡政府配合大军工作。党支部由党支书许义昌和副乡长谭良智负责支前工作。他们分别召开全岛干部大会（包括农会长、民兵队长、妇女主任）和群众大会，宣传渡海解放海南岛工作。

1950 年，乡支部和解放军渡海指挥部决定：在军民共同庆祝元旦大会之后，召开群众大会，组织动员"献船参军"的活动。淡水、津前、北港的船只、船民纷纷响应党的号召，献船参战。

许义昌到孟岗、咸宝片，谭良智到北港、谭井片配合农村干部做具体支前组织动员工作。几天后，全岛的农会、民兵、妇联纷纷组织队伍，敲锣打鼓送粮食、柴火、猪肉、鸡蛋、甘蔗、番薯等到乡政府门前。柴火、甘蔗堆积如山。乡政府将各种物资转送给连队，表示慰劳。报名参军的船工共 70 多人，借出船只 18 艘，淡水、津前、下港还借出床板、铁锅、水桶等，解决了大军的后勤需要。全岛群众为解放海南岛献出了力量。

1949 年 12 月底，海南地下党组织派了两位同志乘小船到乡政府找大军，我们把他们接引到大军的指挥部。经研究后，我们向津前村长林天仁借 3 张帘仔网、2 支钓鱼竿给两位侦察员。他们乘夜假装渔民过海，在海南铺前港登陆，并于次日回电告诉硇洲大军指挥部，他们已安全到达目的地。从此，大军和海南取得了正常联系，为解放海南创造了有利条件。

船员报名参军，船主借给船只，大军开始海上练兵。1950 年 2 月初，渡海先锋营——43 军 383 团第 1 营从东海岛转移到硇洲岛，硇洲岛全岛船民、渔工紧密配合部队，以船为课堂，以海为战场，实兵实船进行了战术训练和作战演习。

同年 3 月 10 日早上，师参谋长孙干卿作偷渡登陆海南岛的动员报名后，13 时指挥部发出了命令，团长徐芳春和政治处主任刘庆祥登上指挥船，率领先锋营 1000 多名战士，分乘 21 艘战船，在铜鼓声和欢呼声中，浩浩荡荡，从硇洲岛淡水港出发，直向海南岛驶去。3 月 11 日早晨 8 时许，徐团长和刘主任指挥的船队在海南的赤水以北的翁田附近海岸胜利登陆；3 月 12 日刘团长率领的部队和孙营长率领的部队顺利会师于雁门。

在 4 月份几批大规模的强渡中，我军用木船战胜了国民党的军舰，击溃了国民党陆空联合组成的"伯凌防线"，蒋家王朝妄图凭借琼州海峡固守海南岛，伺机反攻大陆的黄粱美梦破灭了。

新中国成立后，硇洲人民在伟大的中国共产党的领导下，恢复生产，发展经济，掀起了社会主义革命和社会主义建设高潮，迎来了精神文明和物质文明的春天。

东海岛、
硇洲岛
历史研究

DONGHAIDAO、
NAOZHOUDAO
LISHI YANJIU

附：解放战争时期驻硇洲革命工作人员

领导人员：林宏发（中共东硇特区党委副书记）、许锦理（中共东硇特区党委委员）、林均、许义昌（中共硇洲党总支书记）、许绍昌（硇洲武工队副队长）、许荣昌（硇洲武工队副队长）。

硇洲武工队队员：许太连、梁兴贤、许建祝、黄锡初、黄妃三、黄妃四、谭庆昌、谢　美、谢荣信（硇洲北港税站站长）、何持（硇洲北港税副站长）、唐觉（北港税站税收员、原武工队队员）、谢向荣（北港税站税收员）、许锦南（北港税站税收员）、吴九葵（北港税站税收员）、许妹（北港税站税收员）、谭开义（北港税站税收员）、叶承志（北港税站税收员）、王吴兴（北港税站税收员）、黄妃能（北港税站税收员）、谭狗僚（北港税站税收员）、许吴锦（北港税站税收员）。

硇洲武装排：谢生（硇洲武装排排长）、朱兴贯（硇洲武装排副排长）、吴桂、余肚、余尾、陆桂米、陆福金、唐广恩、唐华保、朱美、朱保、朱兴赞、朱那文、陆那家、梁福斌、沈树克、朱炎、曾妃才（曾日才）、吴壳头、谭宏略、黄妃、许妃顺等30多人。

地下革命工作人员：杨培林、余习隆、林伟、余建华、谭良智、周玉（女）、李景盛、陈月英、李珍（女）、黄德光、曾卓明（北港小学校长）、王玉山（担水村小学教员）、王仲（担水村小学教员）。

硇洲交通情报站（设在谭北湖）：窦志海（交通情报联络负责人）、窦廷远（交通情报联络负责人）。

联络点负责人：梁国旺（那晏村）、邓明川（那林村）、谭良智（谭井村）、余琼林（淡水）、窦廷梅（讯地仔）、窦定昌（大伦村）。

2. 解放军渡琼作战

（1）渡琼作战纪实

广西战役结束以后，中国人民解放军第40、第43军在第15兵团的组织指挥下，从硇洲岛出发，参加解放海南岛的渡海作战。他们与琼崖纵队密切配合，经过2个多月的周密准备，从1950年3月5日至5月1日，历时50余天时间，突破了由国民党10万军队依托琼州海峡筑成的所谓"伯陵防线"，歼灭了海南岛上的部分国民党部队，解放了海南岛。渡海作战时，任第 40 军 128 师 383 团团长的徐芳春，与团政治处主任刘庆祥一起带领第 43 军的第 1 批潜渡部队首次在海南岛登陆成功。登陆后，我军与琼崖纵队密切配合，接应我军后续部队，从海口市一直打到天涯海角。

1950 年 3 月 10 日，我军 1 营和配属的团炮兵连、警卫连、侦通连各分队共 1000 名指战员，登上了 21 条船，离开了硇洲岛，冲向海南岛。

船队经过了 20 多个小时的海上拼搏，航行了 200 余千米，于 11 日上午 9 时前后，分别在琼东北的鹿马岭、赤水港附近地区登陆了。随后，警卫连连长郭洪德和炮连连长王明德带领的两条船也先后登陆。

当我军的指挥船在翁田附近登陆的同时，赤水港一带传来了激烈的枪声。原来是孙有礼营长和王恩荣教导员他们也登陆了。我军随即架起电台向军部发出"我已登陆、详情待报"的信号。

3 月 13 日，我军接到了首长发来的贺电："顷悉你们奋勇当先……胜利登陆……军党委决定，以'渡海先锋营'之荣誉称号及锦旗一年授予全营同志……"同时，中共中央华南分局、15 兵团及原广东军区也联合发来贺电："你们以大无畏的勇敢坚决精神……开创了我军渡海登陆的首次光荣范例。你们的英勇行动，对所有准备渡海作战部队和长期艰苦奋斗的琼崖人们都是一个极大的鼓舞，并且大大地提高了他们的信心，从而将加速海南岛解放的到来。特传令嘉奖，并给所有渡海的指战员每人记大功一次……"这两份电报给了我军全体指战员极大的鼓舞。

15 日晨，3 连由孙营长率领，1 连由于日仁副营长率领，从来犯之敌两侧同时出击，把来世汹汹的敌人打得不知所措。我 1、3 连分别迅猛追击敌人，歼灭了一部分来犯之敌，活捉了敌副营长，并缴获了敌人的作战命令。经过 5 个多小时激烈战斗，我们全歼了敌 1 个营，击溃其 3 个营，敌 37 团团长当场被击毙，俘敌副营长以下 90 余人，缴获轻、重枪各 5 挺。我军在这次战斗中伤亡 20 余人，1 营副教导员王佩

东海岛、
硇洲岛
历史研究

DONGHAIDAO、
NAOZHOUDAO
LISHI YANJIU

琚光荣牺牲。

3月24日，我军接到军部电令：迅速开往塔市接应第2批登陆部队。

3月31日下午，又接到了接应第2批部队登陆的命令。我军一口气跑了15千米，到达塔市南边的龙窝村。徐芳春同志带领2、3连及警卫连陆续跑步向海边前进。孙营长带领1连直插海边，消灭敌滩头阵地上的敌人，迎接部队登陆。

这时，我军的后续部队还没有展开就被塔市、迈德之敌两边夹击在大塘村附近的一片洼地里。只有3排副排长张有带领的11班及1挺轻机枪抢占了新宅坡左侧的一个小高地。他们在小高地上刚布置好火力，敌人就在轻、重机枪掩护下，轮番向小高地发起攻击。

4月1日，敌调集共4个团的兵力向我根据地进行合围。4月5日，我军在钟瑞地区布设战场，从上午9时至下午2时许，以三总队一部和我1营2连、警卫连诱敌深入，将敌人大部诱至我军预定地区。战斗十分激烈，至下午5时，我军歼灭了敌人3个营，我军警卫连连长郭洪德在诱敌深入的过程中壮烈牺牲。

4月17日拂晓前，在文生村一线，我军接应部队和第127师、第128登陆部队与敌遭遇，随即展开激烈的战斗。我军在大吉村一带阻击敌人的加强营，趁敌人溃散的混乱之际，迅速由防御转入攻击，直捣福山镇，副营长于日仁率领1连3排首先突入福山镇与敌人展开了激烈的巷战。经过7个小时的激烈战斗，全歼该敌、我军亦伤亡百余人。福山据点拔出后，登陆和接应部队全部会师，并建立了巩固的滩头阵地和前进基地。

4月20日晨，我师第382团进至黄竹，与车运增援的敌第32军、第252师的1个团遭遇，将敌包围，师长率第384团和383团以及琼纵三总一、三团亦投入战斗。战斗正在激烈进行时，敌增援之62军第152师又向我团包围，同时敌63军第153师、步兵教导师和从福山下来的暂13师共6个团分东西两路，又向黄竹、美亭增援。我团在数倍于我的兵力包围之中，战斗进行得相当激烈。经过两天一夜的激战，我军全歼了美亭、黄竹围我之敌，彻底打垮了敌人，共歼敌人2400余人。我军亦付出了相当大的代价。美亭、黄竹之战的胜利为我军解放海南岛奠定了基础。

4月22日，薛岳看到大势已去，仓皇乘飞机逃往台湾。23日，我军解放了海口市。24日，我军对敌展开了大规模的追击战。30日，我军攻下榆林港。5月1日，我军占领北黎、八所两个港口。至此，海南岛全岛解放。

(2) 偷渡的第383团加强营

128师第383加强团，经过将近1个月的认真准备，该团由师参谋长孙于卿率领，于3月6日13时在湛江外硇洲岛登船，准备启渡，但因没有风，无法航行，只好暂停待风。

兵团首长根据383团上船后因无风而又下船待风，还有40军先锋营在偷渡航行途中，因停风而划桨、摇橹前进，竟航行了19个小时才登陆的情况综合考虑，认为如果383团渡海航行中也突遭停风情况，那么从硇洲岛到预定登陆地点的直线距离有300多里，其航行时间可能要超过24小时；白天如遭遇敌海军袭击，将使我渡海船只损害、渡海部队伤亡的可能性大大增加，有可能被敌先拦截在海上，后拦截在滩头。因此，首长于7日火急电令："由于帆船依靠风力航行，困难较多，决定你军改为1个加强营，实行潜渡强袭。"

"潜渡"在海军的军事用语中是指潜艇在水下的隐蔽航行。当时的"潜渡强袭"是用小部队偷渡海峡，再强攻滩头。

经过紧张又秘密的突击准备和调整，我军两天时间就完成了再次出动的准备工作。

潜渡强袭的作战方针确定后的第二个问题是：为什么选择在湛江附近的硇洲岛起渡，又到海南岛东侧赤水港地区实行登陆，这之间有300多里的航行距离，能否达到突然奔袭的作战目的？这是一个头等重要的作战问题，是偷渡成功或失败的关键。其理由是：

第一，当时敌人两只眼死盯着雷州半岛南端我军动态，虽然敌人舰艇有时会到湛江外海巡逻，敌人飞机也曾轰炸广州一次，但两次轰

东海岛、
硇洲岛
历史研究

DONGHAIDAO、
NAOZHOUDAO
LISHI YANJIU

炸湛江都是因为敌人知道那里有我军指挥机关。而对离海南岛 300 多里的硇洲岛，则并未引起敌人特别注意。因此，船只和部队都易于隐蔽集中。

第二，敌人兵力重点在海南岛正面。海南岛两侧，敌人兵力比较薄弱，防守思想比较松懈。海南岛东侧的赤水港地区，海岸是小起伏地，没有高山，没有悬崖，海滩平坦，容易登陆，离海南岛红色根据地又不远，登陆之后可以很快进入红色根据地与琼崖纵队会合，共同对付敌人。

第三，敌人出动飞机和军舰巡逻、监视我军渡海准备，多在上午 8 时至中午 12 时。如果我军下午 1 时启渡，到第二天上午 8 时，共有 19 个小时，以每小时航行 20 里计算，可以航行 380 里。这个航行速度是我军在海上练兵过程中，经过多次试验测得的结果。如果顺风顺流，这段时间的航行则可能不受或少受敌人飞机、军舰的袭扰。另外还考虑到，下午 1 时至晚 7 时的六小时是白天，船队航行位置应在雷州半岛东岸外海，如遇敌大规模海空袭扰，可向我海岸靠拢，得到岸上炮兵的支援，晚 7 时后可借夜色掩护通过琼州海峡及以南海域。

因此，要顺利渡海登陆、得到奇袭效果的关键有三点：①隐蔽出发；②夜间航行；③快速登陆。

128 师龙书金副军长、黄一平参谋长亲自到岛上就地指导潜渡的准备工作和训练。部队信心很高，相信这次行动一定成功。

当时我军确定的渡海战术原则是：①秘密隐蔽出发，夜间迂回航行，强调以船为战斗单位，既要互相协同，互相支援，又要能各自为战，能集能散，能打能走。②到达登陆地点后，要避实击虚，快速抢滩登陆。并速登、速战、速走，切勿自滩头地区背水作战。③上岛目的是与琼崖纵队会合，准备接应后续部队登陆。该加强营（增加配属了 1 个 92 步兵炮连、1 个侦察连、1 个警卫连，共 1007 人）携带无线电台，乘快船 21 只，于 3 月 10 日 13 时由硇洲岛隐蔽出航，先向东南、再向正南，在茫茫大海中保持编队航行。当天是阴云天气，一路上没有遇到敌海空袭扰，白天的偷渡过程十分顺利。

但夜间 10 时左右，突然风雨大作，凶涛恶浪，海面涌浪大起大落，颠簸得指战员们的肠胃也是翻江倒海，呕吐不止。大风把编队吹得七零八散，由于风大浪高，吹号听不见，旗语看不见，马灯也点不着，各船互相失去联络。大浪把数条船的桅杆打断，其中一条船（船上有 40 余人）被巨浪打翻，不知下落。但是各战船发挥独立作战原则和吃大苦、耐大劳的精神，战士们靠觉悟和勇气，仍按照原定罗盘确定的方向，采取各种应急强救措施，劈波斩浪奋勇前进。

次日拂晓，风平浪静了，渡海部队的大部分船只逐渐收拢，于 11 日上午 9 时在文昌县以东、赤水港以北一带地区分别强行登陆。有的登陆部队只遇到微弱抵抗；有的登陆部队经过激烈战斗，边打边登，边登边打。战斗不到两个小时，就击溃敌人一个营的抵抗和阻拦，部队很快集结并与琼崖纵队独立团胜利会师。

经过 20 小时，近 400 里的艰苦航行，除一条船的战士在登陆战斗中大部分伤亡外，其余全部登陆成功。

11 日中午时分收到 128 师报告：加强营成功登陆！

13 日军长李作鹏签发了军祝贺电令：你们奋勇在先，排除万难，坚决执行上级命令，实行远距离航海奇袭，一举冲破近 400 里狂风大浪，击破守敌之抵抗，胜利登陆……捷报传来，全军上下鼓舞振奋……军党委决定，授予该营"渡海先锋营"之荣耀称号。

附：383 团、渡海先锋营的主要成员、荣誉及嘉奖令
主要成员

团长：徐芳春　　　　　　　　　政治委员：高诗荣

副团长：郭建文　　　　　　　　政治处主任：刘庆祥

参谋长：纪刚

团司令部参谋：王怀祥、杨彩桐、吴玉

营长：孙有礼　　　　　　　　　教导员：王恩荣

副营长：于日仁　　　　　　　　副教导员：王佩琚

一连连长：瞿恩连　　　　　　　指导员：冯家义

东海岛、
硇洲岛
历史研究

DONGHAIDAO.
NAOZHOUDAO
LISHI YANJIU

副连长：李相三　　　　　　　　副指导员：刘德武

二连连长：李树亭　　　　　　　指导员：张家骧

副连长：张子彬　　　　　　　　副指导员：朱文秀

三连连长：李庆昇　　　　　　　指导员：宋占魁

副连长：刘长久　　　　　　　　副指导员：丁占祥

机枪连连长：许奉宗　　　　　　指导员：李克俊

副连长：薛纪才

荣　誉

渡海先锋营荣获四十三军授予"渡海先锋"营光荣称号及锦旗一面，集体记一大功；荣获中共中央华南分局、广州军区十五兵团奖给所有渡海的指战员记大功一次。

一连荣获"渡海英勇连"称号，集体记一大功。

二连荣获"渡海英雄连"称号，集体记二大功。

三连荣获"渡海先锋连"称号。

嘉奖令

中共中央华南分局、十五兵团及广东军区通令嘉奖首批登陆部队，每人记大功一次。嘉奖令称，四十三军李军长、张政委、龙副军长、袁副政委并转登陆的全体同志：你们以大无畏的勇敢坚决的精神，战胜了天险的海洋，并在敌前强行登陆，取得了大军与琼崖人民武装第一次的胜利会师，开创了我军渡海登陆作战首次光荣范例。你们的行动对所有准备渡海作战的部队和长期奋斗的琼崖人民都是一个极大的鼓舞，大大地提高了他们的信心，而且将加速海南岛解放的全部到来。特传令嘉奖，并给所有渡海的指战员每人记大功一次。望以谦虚友爱的态度、积极主动的精神、帮助友军的作风、遵守纪律的模范和琼纵密切团结，并紧紧团结当地人民，坚持琼崖的斗争，粉碎敌人的反击，以迎接大军继续渡海，完成毛主席所给予我们的解放海南岛的光荣任务。

四十三军的首长贺电称，徐团长、刘主任及三八三团胜利渡海的全体同志：顷悉你们奋勇当先、废除万难、坚决执行上级命令，实行远距离的航海奇袭，依一举冲破四百里狂风大浪，击破沿海守敌一切之抵抗，胜利登陆，并迅速取得与琼崖人民武装会师。捷报传来，全军上下鼓舞兴奋！此举正值海南敌匪"初期清剿"徒劳无获、妄图再度"清剿"之际，你们的行动以及兄弟部队一部登陆之胜利，给敌匪"二期清剿计划"以迎头痛击，并将与琼岛人民武装汇成巨大的力量，不断痛歼敌人有生力量，直接配合大军大规模强行登陆，加速全岛之解放。你们的行动，正值敌匪对海南人民施以廿年来从没有过、较日寇尤为残酷的蹂躏摧残之际，你们到达岛上将有力歼灭敌匪禽兽，解放岛上阶级兄弟出于水火，为他们报仇雪恨。你们一举登陆成功，获得了最实际的宝贵经验，又给我全军有利的教育，启发更大的勇气，大大增强了渡海作战之信心与把握。由于你们胜利登陆意义重大，特电致贺！除向全体参战单位与同志致慰问外，党军委决定以"渡海先锋"之光荣称号及锦旗一面授予全营同志。你们尚需继续发扬登陆之英勇精神，不怕疲劳，不怕困难，在兄弟部队与广大人民配合下，不断谋取有利机会，歼灭匪军，准备随时配合大军登陆作战。并望严格执行政策与纪律，拥政爱民，与兄弟部队最亲密的团结，同甘苦共患难，密切配合，并肩作战，坚决为全部解放海南岛而继续奋斗。

（3）渡海功臣王长英

【简介】

王长英（亦名王祥英），原名王马英，广东省湛江市郊区东海岛北山下村人。1900 年 8 月生于一个贫苦农民的家庭。1947 年 6 月在本村参加游击小组。1948 年 11 月到外地做交通联络工作。1950 年 1 月加入中国共产党，3 月任中国人民解放军 43 军 383 团渡海先锋营船工分队长，参加解放海南战役。1950 年 12 月任湛江市渔协会筹备处副主任，参加土地改革和渔业民主改革。1953 年 4 月以后，先后任雷东县人民政府水产科副科长和湛江市郊区水产局副局长。1964 年离休。离休后住于湛江市霞山区解放街道，被选举为街道居民委员会主任。粉碎"四人帮"后，他坚决拥护党中央的英明决策，坚决拥护党的十一届三中全会的路线、方针、政策，在政治上与党中央保持一致。1987 年 10 月 2

日上午 8 时因病医治无效逝世，享年 87 岁。

王长英同志几十年来，对党、对革命事业忠心耿耿，对人民无私奉献，在革命战争和建设时期，作出了显著成绩和贡献，被授予渡海特等功臣和首届全国劳动模范的光荣称号。

【献船参军引航偷渡】

1949 年 12 月 19 日湛江市解放。在广东大陆解放时，国民党广东省政府主席薛岳受蒋介石的指令逃到海南岛，成立以薛岳为司令的"海南岛防卫司令部"。盘踞岛上的国民党军队有 5 个正规军，50 余艘大小舰艇，1 个空军大队，20 余架飞机和地方部队，总兵力 10 余万人。薛岳为了挽救其覆灭的命运，以一半兵力"围剿"我五指山中心根据地，妄图消除其"心腹之患"；另一半兵力采取海陆空立体防御，依海据险，以达到长期固守之目的。

党中央、毛主席、朱德总司令根据当时敌我形势，果断地作出决定，要抓住战机，趁敌人在海南岛还来不及做好充分准备之际，抢在台风到来之前的冬春季节，迅速及时解放海南岛。中国人民解放军 40 和 43 军于 1949 年 12 月底进驻雷州半岛，开展渡海解放海南岛作战的准备。南路专员公署和湛江市也成立了支前司令部，发动群众从人力、物力、财力支援解放海南岛。43 军以 383 团第 1 营为渡海先锋营，进驻东海岛的北山、什石等村，积极、紧张地开展渡海作战的训练。当时王长英虽已年过半百，仍然老当益壮，革命积极性很高，斗志旺盛，干劲十足。他熟识海南岛水路，精通掌舵驶船，洞悉天气变化，支前司令部及地方组织经过研究后，决定派他协助渡海先锋营进行渡海作战训练和引航偷渡工作。其首要任务是征集船只、舵工，发动船工船民献船参战；其次是协助先锋营海上练兵，熟识水性，传授掌舵、驾船、泅水、抗浪等知识和技能。

1950 年 1 月 1 日，北山村军民共同庆祝元旦大会之后，王长英怀着无私奉献的赤诚，向渡海先锋营"献船参军"。先锋营教导员王恩荣说："你那只船我们先借用，坏了包修，毁了包赔。"王长英说："我们都是自己人，为了解放海南岛、解放全中国，还借什么，就让我的小船也参军吧！"元旦过后，他就把自己心爱的小渔船献给先锋营"参军"

去了。献船后，他又和几位渔民一起领着解放军到附近沿海村庄，找到了3艘还能修好的渔船，然后他又奔赴牛牯湾等沿海村庄和硇洲岛淡水、北港村等地，动员船工船民献船参军参战。由于他事事处处带头，以自己的亲身经历教育船工船民，提高他们的阶级觉悟；同时积极向解放军领导反映船工、船民的思想情况，帮助解放军领导解决船工、船民的思想问题和实际问题，调动了他们的积极性，广大船工、船民也积极主动参加海上练兵活动。由于他对党的忠诚，对革命事业忘我工作，在征集船只和动员船工、船民的工作中成绩显著，于1950年1月13日由王河诗、陈生宏两同志介绍，党组织批准加入中国共产党。

渡海先锋营参加海上练兵的战士共180多人，经过半个多月的苦练，晕船问题基本解决，逐渐适应海上生活，也开始熟识水性。然后挑选40余名觉悟高，身强力壮，水性较好的战士组织水手队，进行水手训练。在练兵中，王长英参加3连的训练，只4天时间就教会了15名水手学会掌舵、拉帆、看水文等技术。由于他积极教，水手们虚心学，经过半个月的训练，水手们就基本掌握了驶船技术。

1950年2月初，部队从东海岛转移到硇洲岛。这时，部队已适应海上生活，水手训练的任务已基本完成。船工也多了，觉悟也提高了。根据这些情况，先锋营将全营人员、武器装备分配到各船，以船为课堂，以海为战场，实兵实船进行了战术训练和作战演习。王长英亲自带700多名船工和民兵参加练习和演习。在练习和演习中，我军遭到敌机轰炸，但他毫不畏惧，还鼓励其他船工和民兵说："不怕牺牲，坚持到底就是胜利。"当海上练兵进入最后阶段时，国民党军队正严密封锁琼州海峡、到处划禁区，沿海船只、船主一律进行登记，白天只准在规定的海域内、敌舰观察哨和炮火控制范围内捕鱼，"违者格杀勿论"。但是，任何封锁都不是铜墙铁壁，在战无不胜、攻无不克的中国人民解放军面前，"海峡变通途"。也正是这个时候，叶剑英同志根据中央军委和毛主席的指示，在广州召开解放海南战役的作战会议，确定了"积极偷渡，分批小渡与最后强渡相结合"的战役指导方针。

1950年3月初，进军命令下来了，先锋营约1000人被任命为43军渡海作战第一支先遣部队，王长英被任命为船工分队长，率领21艘战

东海岛、
硇洲岛
历史研究
DONGHAIDAO、
NAOZHOUDAO
LISHI YANJIU

船和 121 名船工协助引航，偷渡海南岛，登陆目的地是海南岛赤水港。9 日晚船工中的"活气象台"郑重地向解放军首长报告："明天有东北风，午后逐渐增大，天黑后可达 5 级以上，还有暴雨，刮风的时间不会太长，但风力强，一个晚上可把部队送到海南岛"。根据这个预报，部队立即动员起来，做好了战前的一切准备。

1950 年 3 月 10 日早上，师参谋长孙干卿作偷渡登陆海南岛的动员报告。下午 1 时，风力逐渐增大达到 5 级以上，还夹着斜飞的细雨。指挥部发出了命令，团长徐芳春和政治处主任刘庆祥登上了指挥船，率领先锋营 1000 多名战士，分乘由船工分队长王长英率领的 21 艘战船，在锣鼓声和欢呼声中，浩浩荡荡，从硇洲岛淡水港出发，直向海南岛驶去。从硇洲岛到海南岛的航程近 400 里。开航初时，船队间的距离、队形一直保持得很好，就和演习一样。但在战船进入主流以后，风大浪猛，船老是在打转，很难前进，有的战士呕吐起来了。晚上 10 时左右，阴沉的天空，覆盖着一望无际的海洋，天连水，水连天，什么也看不见，风力增大，暴雨倾盆，狂风暴雨直扑船头。这时船队已狂风暴雨冲散了，团长徐芳春和政治处主任刘庆祥所乘的船队与营长孙有礼和教导员王恩荣所乘的船队，互相之间看不见了，而且失去了联系。那时，战士们只觉得头在发胀，心在发跳，腿在发软，胃在一阵阵的收缩，嘴里不断地吐酸水。原来在海练中已经锻炼得不呕吐的战士也吐起来了，有些船工也吐了，人们像得了一场大病，浑身无力。但是，大家仍然坚守岗位，战船在继续前进。当时王长英已是 50 岁的老人，虽然全身湿透，却没有半点倦意，他那古铜色的脸，精神抖擞，把着舵，乘风破浪，迅猛前进。

1950 年 3 月 11 日凌晨，雨停了，风也小了些，战船继续朝东南方向前进，前边渐渐显出一片黑影。经过老船工和海南岛我党派来的联络当向导的林栋同志的共同辨认，七星岛已显现在眼前，且看得越来越清楚了，预定登陆的目的地——赤水港已经越来越接近了。当战船离岸600 米时，敌人轻重机枪开火了，迫击炮弹击落在海上掀起了水柱。敌人的火力不强，我战船没有还击。战士们和水手们都忘记了疲劳、忘记了饥饿，战船像出海蛟龙，你追我赶，向登陆地区奋勇前进。王长英随同营长孙有礼和教导员王恩荣指挥的 8 条战船、300 多名战士一起前进。水手们尽力向前划船，王长英左手把着舵，右手举起手枪，两眼凝视正前方，精神振奋，严肃地对两位副舵手说："不要慌，现在最要紧的是把舵掌稳，冲上岸。我要是牺牲了，你们就马上把住舵。只能前进，不能后退，一定要把大军送上海南岛"。大约离岸 400 米时，孙有礼营长一声命令，我军轻重火器射出猛烈的火焰，压制着敌人的火力。水手们一提分水板，战船迅速冲到海滩。孙营长命令吹响冲锋号，同时高举匣子枪，率领约两个班突击队，向左边小高地冲去。左边小高地一个排的敌人被击溃了，红旗插上了小高地。右边小高地的敌人仍在猛烈射击。敌人一个连成散兵群向我滩头反扑，被我各战船的火力杀得死伤一大片，压在滩头上。孙营长以侧射火力支援，一艘又一艘战船靠岸了，300 多名英勇健儿似潮水般涌上滩头，敌人夹着尾巴逃跑了。不到半个小时，登陆战斗胜利了，但是赤水港仍在敌人控制之下。教导员王恩荣集结后续部队插入滩头后面的椰树林中，营长孙有礼完成了掩护任务，随即跟随部队前进。在黎明登陆后，敌人在山顶开炮，向我部队轰击，有的战士受了伤。王长英带头组织船工把受伤的战士抬到安全的地方去了。由于船工的支援，部队迅速前进，赤水港很快被我军占领。但粮食还未运到，战士和船工共同忍受着饥饿，继续前进了 20 里，终于与长期苦战的琼崖纵队胜利会师。3 月 11 日早晨 8 时许，徐团长和刘主任指挥船队的部队也在赤水港以北的翁田附近海岸登陆。3 月 12 日，刘团长率领的部队和孙营长率领的部队会师于雁门。

为了继续大批渡海解放海南岛，根据部队上级的指示，王长英率领 4 名引水船工，又从海南岛偷渡回湛江，动员 150 艘船和 300 多名船工，带着一万多名解放军指战员，继续向海南岛进发，又一次顺利地完成了艰巨的偷渡登陆任务。

两次偷渡登陆的胜利，极大地鼓舞了解放军指战员的士气，也激励了参加渡海作战的民兵和船工的斗志，为了解放军大规模强渡登陆创造了非常有利的条件。在 4 月份几批大规模的强渡中，我军用木船战胜了国民党的军舰，击溃了国民党海陆空军联合组成的所谓"伯凌防线"（薛岳字伯凌），蒋家王朝妄图凭借琼州海峡固守海南岛，伺机反攻大陆的黄粱美梦破灭了。

1950年5月1日海南岛解放。从此，五星红旗插到了"天涯海角"。

因为王长英英勇果敢，不怕牺牲，两次率领船工协助解放军偷渡登陆海南岛，共荣立大功两次，广东省人民政府和中国人民解放军43军特授予王长英渡海特等功臣的光荣称号。

1950年9月下旬，王长英光荣地出席了在北京召开的首届全国工农兵劳动模范代表会议和战斗英雄代表会议。在9月25日下午代表会议开幕典礼上，王长英被选为会议主席团成员（主席团成员共52人，主席是陈云同志），还被授予全国劳动模范的光荣称号。

王长英在协助解放军解放海南岛中立下了伟大战功，他英勇果敢、不怕牺牲的大无畏精神，高贵的革命品质，将永远载入中国人民解放事业的史册。

四、新中国成立后硇洲岛的发展变化

（一）建置沿革

1950年改为硇洲区公所；1952年划入雷东县，为雷东县第三区；1958年复归湛江市郊区，并建立硇洲人民公社；1983年改为硇洲区公所；1987年撤区建硇洲镇；1992年划入东海经济开发试验区。

（二）政治、经济、文化及社会各项事业的发展

在改革开放的推动下，硇洲镇政治、经济、文化等各方面都取得较大成绩，全岛的经济、政治、文化面貌发生了深刻变化。

1. 党政机构沿革及主要领导成员

（1）1949年9月硇洲乡政府组织成员

党总支书：许义昌

乡长：许绍昌

副乡长：谭良智

　　下设六个行政村（街）：

淡水行政街主任：王兆隆

北港行政村长：蔡亚朦

津前行政村长：林天仁

咸宝行行政村长：周玉宏

孟岗行政村长：梁国旺

谭北行政村长：窦廷远

（2）1950 年 5 月硇洲区党政机关组织成员

区党委书记兼区长：许锦理

区党委副书记：许义昌

副区长：谭良智

区党委委员：沈阳　唐克清　沈克

　　下设四个股：

　　　　民政股：余习荣　陈梓才　朱　芳

　　　　文教股：余东均　占良才　陈雪云

　　　　财政股：刘益文　余习隆　谭福兰　吴庚顺　黄锡标　许玉明

　　　　保卫股：陈　东

妇　联：林芳莲　王梅珠

区人民政府下设六个乡（镇）：

淡水镇　镇长：王兆隆　　　　　　文书：叶庆禄

津前乡　乡长：黄庆余　　　　　　文书：吴华会

咸宝乡　乡长：陈春宏　　　　　　文书：钱庆宏

孟岗乡　乡长：梁国旺　　　　　　文书：赖景贤

谭北乡　乡长：窦廷梅　　　　　　文书：周玉宏

北港乡　乡长：窦廷远　　　　　　文书：黄胜智

（3）1952 年—1987 年硇洲镇党组织

①硇洲区体制党委领导机构（1952.12—1957.4）：

书记：张建英（1953.12）

　　　（1953.2—1954.10 缺正职）

　　　王如竹（1954.11—1955.2）

　　　黄学来（1955.2 任）

②硇洲乡体制领导机构（1957.4—1958.10）：

　　淡水乡党委（1957 年 10 月改为淡水镇）：

东海岛、
硇洲岛
历史研究

DONGHAIDAO、
NAOZHOUDAO
LISHI YANJIU

书记：黄学来

　　　宋皇乡党委：

书记：许琼

③硇洲公社体制党委领导机构（1958.11—1983.6）：

（1958 年 11 月成立，驻淡水镇，1959 年 6 月至 1960 年 1 月间分为
灯塔、淡水两个人民公社党委）

书记：李匡乙（1959.2 止）

　　　黄学来（1959.2—1959.6）

　　　陈忠乐

　　　灯塔人民公社党委（1959.6—1960.1，驻宋皇村）：

书记：余荣增

　　　淡水人民公社党委（1959.6—1960.1，驻淡水镇）：

书记：陈忠乐

（1961 年合并为硇洲公社党委，1961.6—1983.6 驻淡水镇）

书记：李炳（兼，1967.6 止）

　　　陈忠乐（1970.8—1973.4）

　　　梁文海（1973.4—1975.8）

　　　梁马兴（1975.8 任）

④硇洲区党委领导机构（1983.6—1987.4）：

书记：陈兴（1983.6—1984.10）

　　　梁马兴（1984.10—1987.4）

⑤硇洲镇党委领导机构（1987.4—　）：

（1987 年 5 底，硇洲完成撤区建镇）

书记：梁马兴（1987.4 任）

（4）1952 年—1987 年硇洲镇政权组织

①硇洲区公所领导机构（1952.4—1956.12）：

区长：徐锦理（1952.1 止）

　　　邹建理（1952.1 任）

　　　杜新有（1953.12 止）

　　　（1954.1—1954.7 缺正职）

王河诗（1954.8—1956.8）

黄大伯（1956.8 任）

②乡人民政府领导机构（1957.4—1958.10）：

淡水乡（1957 年 10 月改为镇）人民政府：

乡（镇）长：王河诗

宋皇乡人民政府：

乡长：陈和泉

③人民公社体制领导机关（1958.10—1961.6）：

a. 硇洲人民公社（1959.6—1960.1 分为灯塔、淡水公社）。

硇洲人民公社：

社长：黄学来（1959.6 止）

黎池（1960.1 任）

淡水人民公社（1959.6—1960.1）：

社长：王河诗

灯塔人民公社（1959.6—1960.1）：

社长：许锦理

b. 1961 年合并后公社体制政权机构及其领导人（1963.2—1983.3）：

硇洲人民公社：

社长：黎池（1963.5 止）

陈忠乐（1963.5 任）

硇洲公社革命委员会：

主任：陈忠乐（1970.8—1973.4）

梁文海（1973.4—1973.8）

梁马兴（1975.8—1980.9）

公社管理委员会（1980.9—1983.5）：

主任：周陈养

④硇洲区公所及其领导人（1983.5—1987.3）：

区长：梁马兴（1984.1 止）

（1984.12—1985.10 缺正职）

林小逊（1985.11 任）

东海岛、
硇洲岛
历史研究
DONGHAIDAO、
NAOZHOUDAO
LISHI YANJIU

⑤镇政府及其领导人（1987.2— ）：

镇长：林小逊（1987.4 任）

（5）1987 年—2002 年硇洲镇党组织

①中共硇洲镇领导机构：

a. 中共硇洲镇第五届领导机构：

　　镇党委：

书记：梁马兴（1987.3—1990.10）

副书记：林小逊（1987.3—1990.10）

　　　　柯展（1987.3—1990.10）

　　　　窦振山（1987.3—1990.10）

党委委员：王志宁、陈清泉

b. 中共硇洲镇第六届领导机构（1990.10—1993.8）：

　　镇党委：

书记：梁马兴（1990.10—1993.8）

副书记：林小逊（1990.10—1993.8）

　　　　柯展（1990.10—1993.8）

　　　　窦振山（1990.10—1993.8）

党委委员：王志宁（1990.10—1993.8）

　　　　　梁雪英（1990.10—1993.8）

　　　　　窦婆胜（1990.10—1993.8）

　　纪律检查委员会：

书记：柯展（1990.10—1993.8）

副书记：梁雪英（1990.10—1993.8）

　　　　窦婆胜（1990.10—1993.8）

c. 中共硇洲镇第七届领导机构（1993.8—1996.3）：

　　镇党委：

书记：梁马兴（1993.8—1996.3）

副书记：林小逊（1993.8—1996.3）

　　　　李日才（1993.8—1996.3）

　　　　窦振山（1993.8—1996.3）

党委委员：王志宁

　　　　　　林海源

　　　　　　梁卓越

　　　　　　梁雪英

　　　纪律检查委员会：

书记：梁雪英（1990.10—1993.8）

d. 中共硇洲镇第八届领导机构（1996.3—1999.4）：

　　　镇党委：

书记：林小逊（1996.3—1999.4）

副书记：孙德进（1996.3—1999.4）

　　　　　窦振山（1996.3—1999.4）

　　　　　窦婆胜（1996.3—1999.4）

党委委员：梁马兴

　　　　　　梁雪英

　　　　　　蔡秋贵

　　　　　　谭友成

　　　纪律检查委员会：

书记：窦婆胜

副书记：谭友成

e. 中共硇洲镇第九届领导机构（1999.4—2002.4）：

　　　镇党委：

书记：林小逊（1999.4—2002.4）

副书记：孙德进（1999.4—2002.4）

　　　　　窦婆胜（1999.4—2002.4）

　　　　　杨全（1999.4—2002.4）

　　　　　邹秋卿（1999 年底任，兼边防派出所所长）

党委委员：梁马兴

　　　　　　余爱平

　　　　　　窦坚伟

　　　　　　宋平宝

　　　　　　肖莲花

东海岛、
硇洲岛
历史研究

DONGHAIDAO、
NAOZHOUDAO
LISHI YANJIU

纪律检查委员会：

书记：余爱平（1999.4—2002.4）

f. 中共硇洲镇第十届领导机构（2002.4— ）

　　镇党委：

书记：陈华海（2002.4— ）

副书记：杨全（2002.4— ）

　　　　宋平宝（2002.4— ）

党委委员：蔡秋贵

　　　　　窦伟坚

　　　　　窦雷雨

　　　　　冯明英

　纪律检查委员会：

书记：宋平宝（2002.4— ）

②中共硇洲镇工作机构：

a. 中共硇洲镇委第五届工作机构（1987.3—1990.10）：

党委办公室主任：胡石生

党校校长：柯展

组织办公室、组织委员：陈清泉

b. 中共硇洲镇委第六届工作机构（1987.3—1990.10）：

党委办公室主任：林海源

党校校长：柯展

组织办公室、组织委员：林海源（1990.10—1993.8）

c. 中共硇洲镇委第七届工作机构（1987.3—1990.10）：

党委办公室主任：林海源

党校校长：李日才

组织办公室、组织委员：林海源

d. 中共硇洲镇委第八届工作机构（1996.3—1997.3）：

党委办公室主任：窦伟坚

党校校长：窦婆胜

　组织办公室、组织委员：梁雪英

e. 中共硇洲镇委第九届工作机构（1999.4—2002.4）：

党政办公室主任：窦益良

党校校长：窦婆胜

组织办公室、组织委员：窦坚伟

f. 中共硇洲镇委第十届工作机构（2002.4— ）：

党政办公室主任：窦雷雨

党校校长：宋平宝

组织办公室、组织委员：窦坚伟

（6）1987年—2002年硇洲镇政权组织

①硇洲镇人民政府领导机构：

a. 硇洲镇人民政府第二届领导机构（1987.4—1990.10）：

　　镇人民政府：

镇长：林小逊

副镇长：杨发

　　　　蔡建成

　　　　陈清泉

　　镇人大：

主席：梁马兴

b. 硇洲镇人民政府第三届领导机构（1990.10—1993.8）：

　　镇人民政府：

镇长：林小逊

副镇长：孙德进

　　　　翁那展

　　　　陈清泉

　　　　蔡建成

　　镇人大：

主席：梁马兴

副主席：王志宁

东海岛、
硇洲岛
历史研究

DONGHAIDAO、
NAOZHOUDAO
LISHI YANJIU

c. 硇洲镇人民政府第四届领导机构（1993.8—1996.3）：

镇人民政府：

镇长：林小逊

副镇长：孙德进

谭妃盛

陈清泉

窦婆胜

镇人大：

主席：梁马兴

副主席：王志宁

d. 硇洲镇人民政府第五届领导机构（1996.3—1999.4）：

镇人民政府：

镇长：孙德进（1996.3—1999.4）

副镇长：谭妃盛

梁卓越

杨全

邓文高

镇人大：

主席：梁马兴

副主席：（缺）

e. 硇洲镇人民政府第六届领导机构（1999.4—2002.4）：

镇人民政府：

镇长：孙德进（1999.4—2001.3）

副镇长：梁卓越

蔡秋贵

杨才发

邓卫江

镇人大：

人大主席：梁马兴

人大副主席：（缺）

f. 硇洲镇人民政府第七届领导机构（2002.4—　）：

　　镇人民政府：

镇长：杨全（2001.3—　）

副镇长：蔡秋贵

　　　　梁卓越

　　　　窦益良

　　镇人大：

主席：陈华海

副主席：窦婆胜

②硇洲镇人民政府工作机构：

a. 硇洲镇人民政府第二届工作机构（1987.4—1990.10）：

政府办公室主任：谭伟华

b. 硇洲镇人民政府第三届工作机构：

政府办公室主任：胡石生

c. 硇洲镇人民政府第四届工作机构：

政府办公室主任：窦益良（副主任负责全面工作）

d. 硇洲镇人民政府第五届工作机构：

政府办公室主任：窦益良（副主任负责全面工作）

e. 硇洲镇人民政府第六届工作机构：

党政办公室主任：窦益良

f. 硇洲镇人民政府工作机构：

党政办公室主任：窦雷雨

（7）1987 年—2002 年硇洲镇群众团体组织

①共青团硇洲镇委员会：

陈保（1989.2—1990.12）

梁卓越（1990.12—1992.8）

窦伟坚（1992.8—1996）

邓林情（1996—1997.4）

窦友龙（1997.4—2001.12）

孙沸（2001.12—2002.12）

②妇女联合会硇洲镇委员会：

1987.3—1989.2 缺

陈娣（1989.2—1993）

梁雪英（1993—1999.3）

冯明英（1999.3—2002.12）

③工会：

陈清泉（1997.4—2002）

(8) 1997 年—2001 年镇直部门

党政办公室：

正职：窦益良（1997.7—2001.11）

副职：窦益良（1997.3—1997.7，副主任负责全面）

窦伟坚（1997.3—1999.4）

郑友（1997.3—2001.8）

窦雷雨（1999.3—2001.11）

社会事务办：

正职：陈春文（1997.7—2001.12）

副职：邓林清（1997.7—2001.11）

经贸办公室：

正职：邓卫江（1997.7—1999.4）

副职：杨妃邳（1999.4—2001.11）

吴覃生（1997.3—2001.11）

外经办公室：

正职：林才（1997.7—1999.4）

工交办公室：

正职：林才（1999.4—2001.11）

副职：孙林乐（1999.4—2001.11）

规划局：

正职：王和伟（1997.3—2001.11）

副职：莫雄（1997.3—2001.11）

国土局：

正职：邓水富（1996—2001.3）

      朱清（2001.3—2001.11）

副职：吴裕（1997.3—2001.11）

农林水办：

正职：陈琼（1997.3—2001.11）

副职：邓义充（1997.3—1999.4）

      吴义明（1999.4—2001.11）

海洋与水产局：

正职：宋平宝（1997.7—1999.4）

      黄建勋（1999.4—2001.11）

副职：黄建勋（1997.7—1999.4）

      许舜（1999.4—2001.11）

计生办：

正职：洪九（1996.4—1998.2）

      肖莲花（1998.2—1999.4）

      邓义充（1999.4—2001.11）

      郑友（2001.8—2002.11）

副职：肖莲花（1996.4—1998.3）

      窦新华（1999.2—2001.11）

（9）2001 年—2002 年镇直部门

①党政办公室：

正职：窦益良（2001.11—2002.4）

      窦雷雨（2002.4— ）

副职：叶静波（2001.12— ）

      吴义明（2002.6— ）

②社会事务办公室：

正职：窦雷雨（2001.11——2002.4）

      谭保助（2002.6— ）

副职：陈春文（2001.11— ）

东海岛、
硇洲岛
历史研究

DONGHAIDAO、
NAOZHOUDAO
LISHI YANJIU

③经济发展办公室：

正职：林才（2001.11— ）

副职：朱清（2001.11— ）

④国土局：

正职：吴辉（2001.11— ）

副职：吴裕（2001.11— ）

⑤规划建设办公室：

正职：王和伟（2001.11— ）

副职：陈琼（2001.11— ）

⑥农业办公室：

正职：黄建勋（2001.11— ）

副职：吴义明（2001.11—2002.6）

谭伟芬（2002.11— ）

⑦计生办公室：

正职：郑友（2002.11— ）

副职：邓林清（2002.11— ）

（10）1987年—2002年村（居）委党支部正职

①红卫党总支：

吴亚一（1987—1991.11）

高福（1992.2—1994.7）

吴依（1994.7—1996.6）

黄建勋（1996.7—1998.6）

李虾（1999.5— ）

②津前党支部：

邓卫江（1989.9—1990.10）

洪怀（1991.6—1995.1）

李子赤（1996.7—2002.6）

洪来美（2002.5— ）

③淡水党支部：

杨全（1987—1989.9）

吴尾 （1990—2002.5）

④南港党支部：

王荣忠 （1989.9—1991.5）

王景波 （1992.6—1996.7）

谭友南 （1996.11—1998.1）

谭增裕 （1999.12—2002）

谭妃仁 （2002.5— ）

⑤宋皇党支部：

方成凤 （1989.9—2002.5）

许秀芳 （2002.5— ）

⑥孟岗党支部：

梁南木 （1989.9—1992.10）

陈绍斌 （1992.3—1994.3）

梁少奇 （1994.3—1996.4）

谭芝海 （1996.7—2002.5）

余婆胜 （2002.5— ）

⑦谭北党支部：

窦妃年 （1983.9—1990.10）

洪九 （1991.4—1996.6）

窦谭生 （1996.7— ）

⑧北港党支部：

邓义充 （1989.9—1991.7）

梁奕 （1991.6—1996.4）

梁王生 （1996.11—2002.5）

吴妹智 （2002.5— ）

（11）1987 年—2002 年村（居）委会正职

①红卫居委会：

林子逢 （1989.9—1999.11）

黄焕 （1991.12—1993.10）

吴依 （1993.11—1994.3）

黄建勋（1994.3—1996.7）

李虾（1996.7—　）

②津前居委会：

洪怀（1989.9—1991.10）

黄悦（1991.10—1996.7）

陈志同（1996.7—1999.5）

李子赤（1999.5—　）

③淡水居委会：

肖莲花（1989.9—1996.7）

吴亚胜（1996.7—1999.4）

吴尾（1999.4—2002.5）

吴亚胜（2002.5—　）

④南港村委会：

王景波（1989.9—1994.3）

庄和泉（1992.3—1994.3）

谭友南（1994.3—1996.6，副主任负责全面）

谭友南（1996.6—1999.12）

（1999.12—2002.6 缺主任）

胡海平（2002.5—　）

⑤孟岗村委会：

梁少奇（1989.—1994.3）

谭芝海（1994.3—1996.7）

余婆胜（1996.7—　）

⑥谭北村委会：

洪九（1985.8—1990.10）

周妃年（1990—1996.7）

窦练生（1996.7—1999.4）

窦谭生（1999.5—　）

⑦北港村委会：

梁奕（1989.9—1991.8）

梁王生（1991.8—1995.12）

吴妹智（1996.7—2002.5）

梁王生（2002.5— ）

⑧宋皇村委会：

方成凤（1989.9—2002.5）

谭海仁（2002.5— ）

2. 经济方面

（1）农林牧渔业

①渔业：

在改革开放推动下，渔业战线进一步落实生产承包责任制，调整作业结构，推广科学技术，效果显著。1987 年，全镇渔业总产量达 11794 吨，总产值 2700.16 万元。机动渔船发展到 1083 艘，总吨位达 100613.8 吨，总马力达 33555 匹；渔业劳动力达 9718.7 个；水产品出口量达 1175 吨，创外汇总额人民币 1998 万元；开发虾塘 877 亩，总产 53473 千克。

1998 年，渔业总产量 3.75 万吨，总产值 3.72 亿元。海水养殖业取得重大突破，养殖面积 4000 亩，产量 250 吨，产值 3340 万元。尤其是鲍鱼养殖发展最快，鲍鱼产量 50 吨，产值 1500 万元。

2010 年，积极实施"科技兴海"战略，按照"巩固不牢，发展养殖"的原则，渔业总产量达 4.2 万吨，产值 4.46 亿元。其中海水产养殖产量 1.06 万吨，产值 1.86 亿元；海产品加工业蓬勃发展，全镇海产品加工场 13 家，年加工各类海产品 1.8 万吨。

2012 年，渔业总产量 4.3 万吨，产值 6.81 亿元。海水养殖面积 6998 亩，产量 1.38 万吨，产值 2.32 亿元；海产品加工场 15 家，年加工各类海产品 2.33 万吨；还优化对虾、东风螺和鲍鱼为主的海水养殖模式，保持海洋产业经济良好的发展势头。

②农业：

1987 年，全镇农业总产值 663.8 万元。其中水稻播种面积 3412 亩，总产 10585 担；甘蔗播种面积 9230 亩；木薯播种面积 315 亩，总产 3300 担；芝麻播种面积 387 亩，总产 103 担；大蕉总面积达 500 亩，总产达 2100 担。

1998 年，"三高"农业逐步形成基地化生产、社会化服务和规模化经营的格局，农业总产值 1.06 亿元。其中香蕉种植面积达 1.65 万亩，产量 4.512 万吨，产值 8121 万元。

2010 年，积极引进先进的科学种植技术和推广节水灌溉农业，因地制宜发展香蕉种植业，做好香蕉生产的产前、产中、产后服务，经济效益明显提高。全镇香蕉种植面积 2.6 万亩，产量 6.3 万吨，产值 1.13 亿元。

2012 年，逐步向海南、广西、云南以及本市各县区等地扩大香蕉种植范围。全镇香蕉种植面积 2.6 万亩，产量 9.9 万吨，产值 1.68 亿元。

③林业：

1987 年，全年面上造林 900 亩，荒山造林 300 亩。

④畜牧业：

1987 年，全年三鸟饲养量 62541 只；生猪饲养量 6529 头；耕牛年末存栏量 3367 头。

（2）乡镇企业

1987 年建成投产硇洲冰厂，年产冰量 1 万吨，产值 70 万元。同时，个体私营和联合体企业迅猛发展，1987 年底，全镇乡镇企业已发展到 190 个，企业人数达 835 人，其中镇办企业 10 个，企业人数 427 人。全镇乡镇企业总收入达 1043.1 万元。

2012 年，渡口所安全、顺利地完成了单航 8100 多航次，渡运车辆 81000 多辆次，货物吞吐量达 69 万吨，营运总收入 820 万元。供电企业投入 400 万元推进农电改造，改造高压线路 5000 米，新装变压器 6 台，总容量 785 千伏安，年销售电量 4579 万度。

商贸服务业加快发展，消费需求持续畅旺。餐饮业生意兴隆。服务质量和水平不断提高。坚持"旅游活镇"的发展战略，存亮湾渔家乐旅游、硇洲灯塔和斗龙角海底潜水等旅游项目，吸引了外省市的大量游客前来游玩，拉动了海岛第三产业的持续发展。

3. 文化方面

1987 年，全镇有中小学 19 间，其中普通中学 1 间，独立初中 2 间；在校学生 5830 人，其中中学生 1338 人，小学生 4490 人；中学入

东海岛、
硇洲岛
历史研究

DONGHAIDAO、
NAOZHOUDAO
LISHI YANJIU

学率达到 98.6%，年巩固率达到 98.7%，初等普及达到 98%，流动年控制在 1.3%以下，留级率缩小到 8%，基本上完成了省下达的指标。有职业中学 1 所，幼儿教育 12 个班，545 人，占全镇幼儿、儿童总数的 60%。业余教育进一步发展，现有业余班 9 个，学生 250 人，占全镇 15—35 周岁总人数的 1.3%，超额完成省下达的指标。有职业中学一所，幼儿教育 12 个班，545 人，占全镇幼儿儿童总数的 60%。业余教育进一步发展，有业余班 9 个，学生 250 人，占全镇 15—35 周岁总人数的 1.3%，超额完成省下达 1%的指标。集资办学、建设校舍中，全镇集资 22 万元。

4. 基础设施建设

1998 年，城镇建设取得了新的发展，实现了镇区主要街道全部水泥硬底化和完成了镇区街道路灯安装工程；祥龙、滨海两个小区开发建设已初具规模。

2010 年，硇洲国家中心渔港一期工程建设全面竣工，完成投资 1 亿多元，建成硇洲渔民文化广场以及码头 2420 平方米、护岸 2252 米、避风港及航道疏浚 156.8 万立方米，可满足 1100 多艘大中型渔船停泊避风，同时为本港渔船以及广西、海南和港、澳、台地区渔船卸载和补给；组织完成了投资 1.2 亿元的 11 万伏变电站项目硇洲岛沿线征地拆迁任务，岛内主题设施建设已完成，"东简—硇洲"海底电缆工程将拉通，长期制约我镇经济社会发展的电力负荷不足问题将得以彻底解决；硇洲海防战备公路改建工程顺利动工，全程 46 千米，项目投资 7000 多万元，这对打造"国际文化旅游区"、推动产业结构转型升级、加快城镇化进程，加快旅游业发展都将产生重要的作用；乡村道路建设快速推进。5 年来，累计完成了 50 多条村庄的 53.8 千米硬底化道路建设，基本实现"村村通公路"，农村群众行路难问题得到很大改观。

五、硇洲岛重要历史人物研究

(一) 杨元超

1. 生平简介

杨元超，硇洲镇上街村人，字冠伦，号特峰，生于康熙三十六年

（1697 年），乾隆三十五年（1770 年）著以原品休致。卒于乾隆四十七年（1782 年），享年 85 岁。由戎行历任至福建金门总镇，正二品官员，诰封武显将军。

2. 传说

杨元超，硇洲人，未达时在邑城为铁工，城中老人梦土地神曰："杨大人终日在我庙前打铁，令我不敢坐，子盍为我建照墙于庙前乎？"老人从之。未几，元超从军积功至金门镇总兵官，至今人犹叫打铁杨云。

杨元超，乾隆十四年至乾隆二十二年，任广东海安营游击，从三品；乾隆二十二年至乾隆二十三年，任广东海门营参将，正三品；乾隆二十二年，署广东澄海协副将，从二品；乾隆二十三年至乾隆二十五年，任广东龙门协副将，从二品；乾隆二十三年，署广东琼州总兵官，正二品；乾隆二十五年至乾隆三十年，任江南京口水师副将，从二品；乾隆三十年至乾隆三十五年，任福建金门镇总兵官，正二品。

乾隆三十五年辛酉，谕、据崔应阶奏、金门镇总兵杨元超，年近七旬，精神不能振作，未便姑容，请旨勒休等语。杨元超，著以原品休致，其所遗金门镇总兵员缺，著龚宣补授。

3. 国朝武封赠

杨信兴，以曾孙元超赠武翼大夫配谭氏封淑人。

杨春魁，以孙元超累赠武显大夫配陈氏封夫人。

杨鼎馀，以子元超累赠武显大夫配梁氏封夫人。

杨元超，福建金门镇总兵授武功大夫晋授武显大夫配李氏封夫人。

（二）招成万

1. 生平简介

招成万，硇洲镇招宅村人，原籍电白县人。生于康熙五十八年（1719 年），卒于乾隆四十九年（1784 年），享年 65 岁。由行伍历任至闽粤南澳镇总兵官，正二品官员，诰授武显将军。

招成万，乾隆二十九年硇洲营千总，正六品；乾隆二十九年至乾隆三十四年，任广东碣石镇标中营守备，正五品；乾隆三十四年至乾隆三十五年，任广东澄海协中军都司，正四品；乾隆三十五年至乾隆三十八年，任广东碣石镇标左营游击，从三品；乾隆三十八年至乾隆四十二年，任闽浙督标水师营参将，正三品；乾隆四十二年二月，署金门镇水师总兵官，正二品；乾隆四十二年至乾隆四十六年福建澎湖水师副将，从二品；乾隆四十六年至乾隆四十九年，任闽粤南澳镇总兵官，正二品。

2. 传说

传说有一次，他因为玩耍经过海边的一片红树林，正好看见树林里面停泊着一条小船。船上摆放着很多的熟猪、熟鸡和果品。这其实是一条他家乡最常见的"送灾船"。那香喷喷的熟猪、熟鸡和果品，本来是灾民们为了消灾脱灾而进贡给阴间鬼魂的。灾民们本意是希望那些不断在地方上作祟并带来不祥的鬼魂，在收受了这些东西之后，能放过他们，不再来骚扰他们。招成万发现这条船之后，因为年纪小，并不知道这条船是什么船，又为什么会孤零零地停靠在这海边。他看到船上什么人也没有，觉得这些东西要是没人吃，就白白浪费了，怪可惜的，倒不如自己吃了算了。于是，他就在船上大口大口地吃起来。肚子填饱了，但这些猪、鸡、果品，仍然吃不完。想到父亲、母亲平时也很少能吃到猪肉、鸡肉和果品，他便又一古脑儿地把这些熟猪和熟鸡、果品等全部包起来，打算抱回家让父母来吃。

离开之前，招成万忽然发现，原来这条船并没有固定好，是漂在水上的。他心里暗暗责怪：这船的主人也不知是谁，真是太粗心了！船都没系好，如果丢失了，该到哪里去找啊？但反过来一想：自己这样吃了船主人的东西，如果还让这条船从红树林里自由流走，船主人回来找不到自己的船，那不是更对不起船主人么？于是，他就顺手用藤蔓把小船系在了这红树林中的一棵树头上。

回到家里，父亲、母亲都免不了责备他一番。想不到，夜里，他家门外却意外地连续响起了三次不平常的敲门，还听到门外有人不断地乞求："招大人啊，您吃了我们的东西，您也应该放了我们才是啊！您不放了我们，天一亮，我们就回不去了。您行行好，赶快放了我们吧！"母亲不明就里，听到有人直呼"招大人"，心里感到非常蹊跷，心想：家里又没有人当官，哪来的招大人呢？一问方知道事情是由招成万引起的，只好叫醒招成万问明情由。招成万将白天的事从头到尾细说了一遍，

东海岛、
硇洲岛
历史研究

DONGHAIDAO、
NAOZHOUDAO
LISHI YANJIU

母亲才知道原来这是送灾船上的鬼魂在向招成万乞求放行。母亲只得让招成万连夜赶回海边的红树林里，把船解开。船上的鬼魂千恩万谢，飞驰而去。招成万一家和时人都感到非常诧异，不由得对招成万另眼相看。

3. 国朝武封赠

招起鹏，以孙成万贵赠武信佐郎配范氏赠安人。

招世贤，以子成万贵赠昭武大夫配钟氏赠淑人。

招成万，任南澳镇总兵授武显大夫配周氏封夫人。

（三）窦振彪

1. 生平简介

窦振彪，硇洲镇那金村人，字升堂，生于乾隆四十三年（1778年），卒于道光三十年（1850年），享年72岁，由行伍历任至福建水师提督，正从一品官员，诰封振威将军。

窦振彪，由行伍历拔千总，嘉庆十九年擢水师提标中军守备，二十四年升海口协中军都司。道光二年升广海寨游击，六年升水师提标中军参将，八年升海口协副将，九年署琼州镇总兵，十年五月两广总督李鸿宾遵旨保奏振彪熟习海洋巡缉明练，堪胜水师总兵之任，十年九月升福建金门镇总兵。道光十二年十月台湾匪徒陈办滋事，振彪以总督程祖洛，巡抚魏元烺，提督马济胜檄带本标及漳州海坛闽安各标兵两千名，由蚶江对渡直趋嘉义，道光十二月抵嘉义城与广东提督刘延斌合剿。道光十三年正月，北路台匪将南窜，振彪偕马济胜分路截击，直捣其巢，擒贼目黄番婆等，并歼要犯两百余名，嗣又擒首逆陈办及张丙、江文等匪，台湾平。奏入，赏戴花翎。道光十三年七月以征兵黄汉清等争殴毙命，约束不严，下部议处。先是厦门一带奸民私造小船沿海肆劫，每于夏至后风潮叠起，避匿同安县之清涂等乡，至是振彪凯撤内渡，程祖洛檄令，乘便竟捣贼巢，歼擒甚多，并起获船炮等件。道光十四年以清涂乡接壤之柏头乡，有窜匪潜伏亦为盗薮，振彪复督兵趁其不备水陆并进，擒犯一百七十七名，并获船三十四只及炮械等件。道光十六年以督饬巡洋弁兵不力，下部议处。道光十八年闽浙总督钟祥奏振彪缉劫盗限满未获，部议降二级调用，得旨改为留任。道光十九年，英夷兵船于十月十二月屡犯大队洋面及梅林各洋，振彪督舟师击之。道光二十年二月，夷船复游驶梅林洋面，振彪令哨船截攻，以炮火联络，击断夷船帆索，英夷旋遁。道光二十年四月于塔仔外洋巡获盗犯曾胜芘等六十名，并起获枪炮等件旋。以失察弁兵张进发等吸食鸦片烟，下部议处。道光二十年六月于穿山洋面击毁夷船一只，又于虎屿洋面击沉舢板船一只，奏入得旨，所办认真可嘉。道光二十一年，二月升广东水师提督，三月调福建水师提督，八月英夷陷厦门，部议躲振彪职。上以振彪时方在洋捕盗，加恩改为留任。道光二十二年谕：英夷现已就抚准令同商，仍应加意防范。厦门为省垣关键，今昔情形不同，必须因地制宜，量为变通，着振彪等详查地势，悉心讲求，妥议章程。具奏嗣以夷酋复游驶入闽，窥伺厦门，申命振彪密加防范，相机办理。道光二十四年泉州陈头山等处盗匪肆劫，振彪谍知踪迹，督舟师缉拿，毁其船八十余只，首犯陈扭等窜逸，嗣又将陈扭拿获，并探知各匪还家度岁，亲往各乡捉捕悉奸之旋。以滥保云骑尉杨长耀，部议降二级调用，上加恩改为留任。道光二十六年拿获柏头乡盗犯林梯等首从30余名，并起获炮械船只。道光二十七年率福宁镇总兵曹三祝等分驾兵船，于霞浦外洋拿获盗犯萧大才等，二十余名余匪堕海淹没。道光二十八年以浙江渔山为洋匪追逃薮，振彪出洋偕黄岩镇兵会剿，擒斩甚伙，毁其巢。道光三十年卒，遗疏入。谕曰福建水师提督窦振彪由行伍出身，前经出师剿办台湾逆贼，着有劳绩，仰蒙皇考简擢提督，巡缉操防甚属认真，兹闻溘逝，殊堪珍惜。加恩晋赠太子太保衔，照提督例赐恤，任内一切处分悉予开复应得恤典，该衙门察例，具奏伊子县丞侯升知县，窦熙着俟服阕后送部引见寻，赐祭葬，予谥武襄。

2. 御赐丰碑文

朕惟海绵作镇鹰扬资仗钺之才褒勋螭碣纪总千之烈伸国威而敌忾思切鼓鼙书臣绩以表阡铭同钟鼎尔晋赠太子太保衔原任福建水师提督窦振彪秉心笃棐赋性忠贞执戟以前驱旋扬声于后劲千夫作长度军而鳄渚波澄一队争先宣力而鸦川浪静泊乎副戎练水参幕珠崖鱼丽示荼火之威师顺为鹃击展韬钤之略战功曰多是用简任干城擢居专阃属以么膺作愿畀建纛于

鹿门因之感激誓师竞搴旗于鲨岛渠魁就获馀孽瀮除涉渤澥以穷搜士咸用命驾楼船而转战气倍无前折首有嘉奏凯而歌传朱鹭攻心为上论功而宠赍翠翎俾节制于八闽特晋阶而三锡正幸浪峰早净徐筹增垒之防何期鲸浪方恬遽览遗章之告爰酬庸而增秩锡以宫衔载考行以易名光于策命表其行谊谥为武襄于戏丹青炳麟阁之勋三朝宣力忠勇冠虎贲之列百世铭功式树丰碑钦承茂典

3. 御祭文

朕惟节钺垂勋专阃重千城之佐旂常纪绩饰终隆俎豆之仪勤劳已表於生前宠泽宜加於身后载稽祀典聿著成规尔晋赠太子太保衔原任福建提督窦振彪赋质瑰奇秉姿果毅起家行伍奋迹海疆素谙龙虎之韬名驰岭表久习鹳鹅之阵声震炎方历任偏裨洊膺阃寄嗣以台湾之小警遂移部曲之雄师组练生光旌旗动色扫鲸鲵之穴歼厥渠魁靖枭獍之奸散其群丑始拥麾於南粤旋建节於闽中宠锡三加翠翎耀日威宣一面鹿耳恬波属边境之人安资老成之坐镇奄殂遽告悯恻良深爰赍恩纶用酬懋绩於戏执干戈以为社稷之卫壮略犹存听鼓鼙而思将帅之臣荣施罔替式颁奠醊特遣专官灵其有知庶几来飨宫保坊在硇洲街,清道光三十年奉旨为纪念福建水师提督窦振将军而建,四柱三间冲天式石牌坊,花岗石质,横额有"圣旨"两字,牌坊两侧刻上阴楷对联两副:①麟阁勋崇万里鲸鲵皆慑魄;羊碑思永八闽貔虎尽铭思。②褒荣华衮秩晋功衔百战勋名垂竹帛;宠锡树浆渥颁赙布九重雨露贲松楸。

4. 国朝武封赠

窦景浩,以孙振彪,广海游击,赠武翼大夫,配谭氏封淑人。

窦星昭,以子振彪,赠武翼大夫,配谭氏赠淑人。

窦壮国,以父振彪,阴骑都尉。

窦壮怀,振彪从子,都司。道光二十六年任吴川营千总。

窦壮龄,振彪子,松山营参将。

窦　熙,以父振彪,恩阴知县,署泉州府同知。

(四)陈辉龙

陈辉龙,硇洲镇焦湖村(古时邻近今上街村)人,字灵川,生年不详,卒于咸丰四年(1854年)。由戎行历任至山东登州总镇,咸丰三年擢山东登州镇总兵官。正二品官员，诰封武显将军。

陈辉龙，由行伍拔外委，道光六年迁吴川营左哨把总，十年升千总，十六年升海安营中军守备，二十二年迁香山协中军都司，二十六年升广海寨游击，三十年署水师提标中军参将寻升澄海营参将，署大鹏协副将；咸丰元年实授，三年二月以捐备军饷下部议叙，十一月擢山东登州镇总兵。时粤匪溯江上驶，再扰湖北武昌汉阳及湖南岳州府。咸丰四年六月，前任礼部右侍郎曾国藩、湖南提督塔齐布等督率舟师沿江进剿，辉龙奉调带广东兵船随往，七月攻复岳州。辉龙偕升用道褚汝航、同知夏銮等剿城陵矶下游贼匪。辉龙自乘拖罟船率所属水师弁兵先进，褚汝航等督军继至。值贼船出队，意图上窜，辉龙等排列战舰并力合攻，殪贼多名，烧贼船数只。贼披靡向下游败走，游击沙镇邦跟踪追击，辉龙督催拖罟船策应。时风色不利，乘舟胶浅，贼蚁集来，迎适湖港，贼船由两岸后纷纷拥至。水军驰往救援，舟被风阻不得进，贼船四面环击，兵勇陷入重围，遂失利，辉龙死之。曾国藩等奏，闻谕曰：此次阵亡之山东登州镇总兵陈辉龙奋勇杀贼，因船胶浅，以至捐躯，殊堪悯恻，著交部照例议恤寻赐恤如例，予谥壮勇，赏骑都尉世职袭，次完时给予恩骑尉世袭罔替。

（五）陆秀夫

南宋爱国将领陆秀夫（1236—1279 年），今江苏省盐城市建湖人，是中国历史上杰出的爱国者。他受命于危难之际，殚精竭虑，颠沛流离，试图力挽狂澜，维护大宋江山，最后负幼帝投海悲壮殉国，受万众敬仰，与张世杰、文天祥齐名，被称为"宋末三杰"。

1275 年，元军挥师南下，攻破南宋王都临安（今浙江杭州）。南宋将臣陆秀夫、张世杰、文天祥等文武百官及 10 万士卒，护送年仅 11 岁的宋端宗和其弟卫王赵昺，避元兵追杀，于 1278 年 3 月，从东南沿海逃亡到硇洲岛。宋端宗年幼体弱，疲于奔命，同年 4 月在岛上病逝。左丞相陆秀夫等众臣拥 8 岁的赵昺为帝，史称"宋帝昺"。赵昺即位，改元祥兴，升硇洲为翔龙县，并计划安顿下来以图复国。《宋史·二王纪》有载："景炎二年三月（1278 年）罢踔硇洲。四月，罢殂硇洲，众立卫王昺为主，升硇洲为翔龙县"。祥兴元年（1278 年）元军攻克雷州城，陆秀夫等众臣相议，觉得硇洲小岛孤立无援，不可久居，便护少帝迁往新会崖山。最后血战崖门，全军覆灭，陆秀夫抱帝投海，南宋末代终结。

（六）张世杰

张世杰（ —1279 年），涿州范阳（今属河北范阳）人。宋末抗元名将，民族英雄。太傅，枢密副使，封越国公。与陆秀夫、文天祥并称"宋末三杰"。先后拥立南宋二帝，誓不降元，最终兵败崖山海战，因飓风毁船，溺死于平章山下。

（七）徐芳春

徐芳春（1921—2005 年），山东省淄博市人。1938 年 8 月参加八路军，同年加入中国共产党。抗日战争时期，任八路军山东纵队连营长。解放战争时期，任东北民主联军副团长，四野团长。参加了四平保卫战和辽沈、平津战役。

徐芳春，1950 年在海南岛战役中荣立大功。后任副师长，代理师长。1954 年毕业于解放军军事学院战役系。后任原总参谋部作战部处长、作战部副部长，湖南省军区副司令员，原广州军区军政干部学校校长，原广州军区后勤部部长，原广州军区副司令员，后勤学院院长，1985 年 11 月任军事科学院副院长。是第五、六、七届全国人民代表大会代表。1955 年被授予上校军衔，1960 年晋升为大校军衔。1955 年曾获三级独立自由勋章、二级解放勋章。1988 年 7 月被授予中国人民解放军独立功勋荣誉章，同年 9 月被授予中将军衔。1990 年 4 月退役，1998 年 7 月离休。2005 年 7 月 5 日因病在广州逝世，享年 84 岁。

（八）孙有礼

孙有礼，43 军 128 师 383 团 1 营营长。1950 年率 383 团加强营成功登陆海南岛。

（九）李树亭

李树亭，渡海先锋营 2 连连长。从开展立功运动以来，共立 8 大功、2 小功。四平保卫战后，当选战斗英雄；解放琼崖战役中，指挥 2 连四战四捷，被称为"渡海英雄"。

1950 年 3 月，在解放海南岛战役中，他所在营为军的首批偷渡部队，全营乘木船在风浪中航行 200 余里，击溃赤水港地区的国民党守军胜利登陆，在潭门被国民党军以 1 个团又 1 个营的兵力包围。他集中炮火突然袭击，胜敌慌乱，率 4 个班从侧后攻入国民党团指挥部，击毙团长以下 200 余人，俘虏近 100 人。在迎接后续部队登陆时，又率领领队插入国民党军防区，打退敌人三路进攻，控制滩头阵地，保证了部队顺利登陆。在钟瑞市战斗中，率部担任正面防御任务，在地形暴露、敌人炮火猛烈的情况下，以机动灵活的战术，指挥连队击溃国民党军 2 个营的 5 次攻击，毙敌 200 余人。在黄竹，美亭战斗中，率领连队奋勇夺取了黄竹东南山头，追击中俘虏国民党军 300 余人。1950 年 8 月，第128师授予"渡海英雄"称号。1950 年 9 月出席中华人民共和国全国战斗英雄代表会议。

（十）陈义

陈义，河南安阳人。1945 年初，参加了东北抗日联军，之后又参加了全国解放战争，随着中国人民解放军胜利的步伐，一路南下打到了广东。在革命战争年代，陈义舍生忘死，立过 4 次大功。1955 年，已经是团级干部的陈义转业到了地方，他没有留恋城市机关的舒适环境，而是主动要求转业来到硇洲岛灯塔担任管理员，从此与灯塔结伴终身。

1955 年到 1985 年，陈义在硇洲岛灯塔当了 30 年管理员，从不休假，也没有过星期天。

他精心维护灯塔的正常运行，每天至少把灯塔内部和水晶镜片擦拭两遍，"30 年如一日，天天提着一桶水，走七八十级台阶到灯塔顶部，把直径 1.78 米、镶着 160 多条棱镜的透镜，擦洗得一尘不染"。据曾经和他一起工作的灯塔工说，有时灯泡出现故障，为了抢时间恢复灯光，他经常直接用手更换烫手的灯泡，手掌经常被烫伤。还有一次，透镜的旋转机械出了故障，由于设备的原因无法及时维修，为了使灯塔正常闪光，陈义老人硬是一边看着钟表，一边用手推灯座以保持固定的转数，坚持了一个通宵。至于工作中对付台风，更是常有的事。他的同事回忆说："1980 年，七号台风来袭，硇洲灯塔受到台风威胁。陈义带着两名灯塔工到灯塔外围的平台上，冒着生命危险加固灯塔的门窗。当时，台风袭岛三天三夜，他们隔不了多长时间就要出去加固一次门窗，确保

东海岛、
硇洲岛
历史研究

DONGHAIDAO、
NAOZHOUDAO
LISHI YANJIU

灯塔的安全。"

到了退休年龄，领导本来想安排他安享晚年，无奈被陈义坚决拒绝："办什么手续都可以，俺决不能离开灯塔，要义务为它服务一辈子。"一席肺腑之言，道出了老人和灯塔的不解之缘。陈义在硇洲岛灯塔工作的时期，硇洲岛的经济条件还相当艰苦，物质贫乏，交通不便，岛上的自然环境也较为恶劣，连生活用水都要从雨水中收集。尽管如此，老人仍然十分乐观。他利用业余时间开荒耕地，种植作物，改善岛上的生产生活环境。生活中，他极尽简朴本色，但是，对于别人，他却总是慷慨解囊。20 世纪 80 年代和陈义在一起守灯塔的朱其源有 3 个孩子，他的爱人却没有工作，生活十分困难。陈义便把 3 个孩子的读书和穿衣费用全包下来，直到 3 个孩子全部念完了高中。

1982 年到 1984 年，陈义老人多次获得了交通部广州航道局先进工作者称号。1983 年，中央人民广播电台广播了陈义的事迹后，在全国引起很大反响。1985 年，广东省政府授予他广东省劳动模范称号。1985 年 8 月 12 日，81 岁高龄的陈义老人为设备进行保养时不慎踩空摔了一跤。等被发现时，老人已奄奄一息了……

按照他的遗愿，组织上将陈义老人安葬在灯塔附近。在离硇洲灯塔不足 200 米的地方，人们可以看到一座坟墓和纪念亭，老人就安息在这里。为了纪念陈义老人，2003 年，湛江航标处将灯塔附属房分别改造成小型航标展馆和陈义事迹纪念馆，展览室里摆满了老人生前获得各种奖章和奖状，方便了旅游客观光、促进了宣传灯塔精神和教育下一代等工作。在老人铜像的背后，是"灯塔光照大地，革命精神永存"12 个大字。人们称颂他的精神如百年灯塔永放光芒，照亮人们的心灵。

六、硇洲岛重要历史文物古迹

（一）宋皇城遗址遗迹

宋皇城遗址位于广东省湛江市硇洲岛宋皇村旁，距淡水镇 3.5 千米。据有关史料记载，这里曾是宋末皇帝驻足过的地方。宋景炎三年三月，宋帝被兵追赶，杨太后与帝罡，在陆秀夫、张世杰的护卫下，历尽艰辛到达此地。他们在这里开设帝基，建造行官营房，将士日夜操练，以图东山再起。

宋皇城毁于元末海寇麦福之手，现仍留城墙遗址。此城宽约 180 米，纵深约 120 米，面积约 20000 平方米。城墙遗址有两段，其中一段为北面横向，残长 10 米，残宽 5 米，残高 0.9 米，均用不规则的青石筑垒，中间填土，粗糙简单，可见当时是仓促筑垒而成。后人为了怀念忠烈，在皇城的西园、黄屋、那林三村分别为文天祥、陆秀夫、张世杰三位忠臣建庙塑像。700 多年来，这一宋室遗址，引来多少骚人墨客，凭吊与追思。明朝高州郡守吴国伦曾到此写下流传千古的诗句：

> 一旅南巡瘴海边，孤洲丛科系楼船。
>
> 从容卷土天难定，急难防元地屡迁。
>
> 丹凤未传杆在所，黄龙虚把改初年。
>
> 当时血战潮痕在，长使英雄泪四然。

（二）翔龙书院

翔龙书院位于广东吴川，1278 年 5 月，宋帝罡即位，升硇洲为翔龙县，陆丞相给皇帝造了一间"御书院"。明清时期不断扩建，取名为翔龙书院。翔龙书院为封建王朝培养了不少文人学士，在高、雷一带颇负盛名。翔龙书院的石匾至今仍保存在硇洲镇文化站。此匾乃清代状元、吴川学子林召棠亲笔题书。

相传南宋丞相陆秀夫建于县城南之四都确洲马鞍冈下，元末为海盗占据而废。明万历间高州知府欧阳烈重建，前为大门；中为讲堂 3 楹，名敷文堂，奉先师，堂左右各有 1 室，为塾师教读之所；后座为阁，匾题"皇极"。东西两厢有书舍各 5 间，为诸生肄业处，东为仁、义、礼、智、信，西为言、听、视、貌、思。后颓坏。清嘉庆二十二年（1817年）官民捐资修复。咸丰初绅士窦熙倡迁建于都司署左。后遭飓风倾倒。同治八年（1869 年）巡检王近仁修复，建堂 3 间及东西斋房，左为宋贤祠，右为宾兴祠。

东海岛、
硇洲岛
历史研究

DONGHAIDAO、
NAOZHOUDAO
LISHI YANJIU

附：

翔龙社学记

明 欧阳烈

学在吴川县南四都硇洲马鞍岗下，宋景炎幼主驻硇洲，海中黄龙见，改元祥兴。丞相陈宜中县志作陆秀夫因建翔龙书院，至是，知府欧阳烈悯其民远居海岛，颛蒙不事诗书，又为城市豪民异境黠商欺骗无极，搜选子弟可教者六七人，请于督学蔡公与之衣巾，而作新之修复书院，择师教育，父老咸忻，喜趋事访求旧址不获，遂图画硇洲形势，进请裁度表位，余乃按图营基，据马鞍之胜，揽牛山之秀，帖宁州所千户王如澄董其工。后为堂三间，奉先师扁，曰敷文堂，堂左右各一间为教读藏修之所。东西翼以书舍各五间，以便各生肄业。东以仁、义、礼、智、信，西以貌、言、视、听、思编号，前为牌门扁曰翔龙小学，缭以墙垣。堂之后盘石嵯峨，建阁其上，扁之曰皇极阁，循脊分左右龙虎，圈内小学四围俱取租，备修理，是役也。费不欠而民自趋，力不劳而工自成，真时事之奇，逢海外一大观也。明初置巡检司于海滨，正统中移此，后废。

重建祥龙书院碑志

从来学校为人才风化之源，而书院又为学校所深资者也。考唐开元所建丽正书院，则书院之名实始于此。然当时不过馆词臣，藏典籍耳。至宋庆历中，始命天下州县皆立学校，设官以教焉。继辟书院，延通儒以广课士焉。而元明因之，我朝治教休明，特隆正学，于省会、府州县，立学之外，更致意书院。今陕乡穷壤，莫不有焉。实有以匡庠序之教，而不逮也。学校□□实取材于此，孰谓书院之建为小补哉？吴川之南有硇洲焉。虎石排乎三面，鸿涛环于四周，斯亦海岛之绝险者也。当端宗之季，为元兵所迫，左丞相陆公、越国公张公、信国公文公，奉端宗由福而航粤。文信公屯兵丽江浦，为战守计，丞相陆公、越国张公，卜硇而迁。端宗享国未及一年，帝昺继位，登极礼成，有龙拿空而上，因改硇洲为翔龙县。凡政令纪纲，皆出陆、张二公之手。陆公日书大学章句以劝讲，遂建书院，名翔龙焉。夫以当日流离播迁，陆相尚关心于道学，盖其意以为古人有一成一旅，而恢复先业者，学校为兴贤育才之地，可忽视为要图欤？是陆相之建此，亦大学教育之深人心也。书院历久，屡圮而迁。咸丰之初，硇绅窦熙，捐资倡率，变迁都司署之左山。但海飓频兴，瓦榱颓倒，父老呈请巡司王公，公惠受勤能，由文大令英邑侯札下修之。士庶乐于倾囊，襄举聿成，栋宇三间，东西并列齐房。左为三忠祠，右为宾兴祠。布局则与清嘉庆间大同而小异。自是课徒得所，礼聘贤师，则多士如林，蒸蒸日上，当亦不忘书院所由来。将见慕陆相之精忠，而□□早辨究陆相之理学，而心术以纯，则所处不愧为名儒，所出不惭为良吏，我国家右文兴化，知不限于偏隅，而选后登贤，莫谓尘露，无裨于山海也。董事劝捐者，都戎陈君魁麟、上舍生陈君魁元、吴君士熙、李君光颢，亦与其劳者。赞政白君登炜也，增贡生选用州判邑人林植成撰。

督修首事：沈邦宁　孔广文　方□兴　吴开爵　窦壮威
　　　　　招步魁　□□□　窦壮文　周世标　黄绍珠
　　　　　□□安　吴嘉树
十甲首事：谭士表　窦可敬　梁文炳　吴启信　梁明文
　　　　　洪和拔　谭上信　窦美春　谭德政　陈宝宏

大清同治八年（1869年）岁次己巳秋月谷旦立石

增捐书院膏火碑志

自来文教之兴由于学校，学校之隆关于司牧，今少尉王公巡司硇洲岛，知非天遣，以开斯文之运哉。夫硇洲一蕞尔之区，宏韬伟略，奋武以佐，兴朝名将，恒数数出，独文人学士，古今罕见，岂造物生材，域以一偏，抑亦主持文教，未有如公之乐育，为怀振兴之，是力者，公名近仁，号寿山，楚南长沙府善化县人也，世有令德，为时良吏，本其慈爱，以砺廉明，初下车即欲昌隆学校，大启国家文明之治，奈书院倾圮，工程浩繁，艰于修复，旦夕焦劳，遂捐廉以倡率，而宾兴之爱集绅者议题，倾囊乐助，皆有急公慕义之情，由报大令饬行，共襄此举，数载于斯，乃得落成。虽然育才得所，延师无资，彼都人士，无从获益，不亦虚靡修葺之费哉，而公乐善美意有加无已，再捐廉俸，买受瓦铺一间，交齐长首事，递批租以充书院膏火，可谓善作善成矣！嘉惠士林，鼓励士子，人文自兹蔚起，为功已非浅鲜，他如路平崎岖，一恤行客堂开，同善以悯无家，诸多德讴，难以枚举，凡我同人，被其后厚泽，虽建祠特享，播之弦歌，勒之金石，不过涓埃之报耳，乃力为辞谢、谦退不敢自?，因创宾兴一祠，奉禄位于座中，以硇洲先达配之庶俎豆升香，垂诸永久，以志不忘大德云，邑人庠生陈仁基敬撰。

计开：

买受史聚居旧瓦铺一间，契价纹银八十两正，另为修葺，又用工料铜钱百余千文，拡税嘉字一号，每年收租可得钱一十八千文，以充祥龙书院膏火之费，其铺坐落于硇洲正街，坐东向西，四至开列于后：陈至陈家墙，西至大街路，南至阮家铺西（西家同桁角），北至陈家墙（两家同桁角），铺契备卷存署，逐任移交，合并注明。

大清同治八年岁在乙巳冬月谷旦刊石

（三）八角井

八角井，俗称“马蹄井”，在硇洲岛宋皇村宋皇坑。据传，宋景炎三年（1278 年），南宋逃亡皇帝端宗及其部属刚到硇洲岛时，淡水供应不上，一匹饥渴难耐的老战马不断地用蹄在地上扒土，不久，马蹄下涌出了一缕清水，于是，宋兵在此挖井，后人称为“马蹄井”，也叫“宋皇井”。此井深约 2 米，井口外呈八角形，内壁圆形，石砌，水甚清洌，井水终年不增不减，清淡可口，至今仍可饮用。

（四）宋皇碑

宋皇碑，位于宋皇村西南，碑高 1.5 米，高 1 米，厚 0.1 米，呈灰黑色。石碑长期受风雨侵蚀，碑文模糊几不可辨，俗称“宋皇碑”，即宋端宗的墓碑。另说，此碑是记载明朝万历年间重修翔龙书院实况和历史渊源的一块石碑。

（五）宋皇亭

宋皇亭是明清时期为纪念宋皇城史迹而建造的，属于纪念性建筑。该亭于"文化大革命"期间被拆，但遗迹尚存。

（六）宋皇村

宋皇村，在硇洲岛中部马鞍岗麓，位于宋皇城旁边，距淡水镇东3千米，总面积约20000平方米，今属硇洲镇宋皇管区。南宋末年，赵昰、赵昺兄弟曾至此，因而得名。光绪《吴川县志》记："宋景炎三年（1278年）夏三月，陆秀夫、张世杰拥益王赵昰、卫王赵昺避元兵至硇洲。四月，昰卒。五月，昺即位，改元祥兴，升硇洲为翔龙县。"硇洲即硇洲，为翔龙县旧址。清康熙元年（1662年），海盗扰硇洲，宋皇村居民弃村而走，房屋渐夷作耕地。目前仅可见石墙遗迹两段，均用青石堆砌。村边有"宋皇井"与"翔龙书院"石碑遗迹。村民为了纪念南宋皇帝曾经驻跸于此，遂将村庄命名为宋皇村。

（七）赤马村

赤马村位于硇洲岛中部，在宋皇城附近，今属硇洲镇宋皇管区。因当年宋帝的一匹赤棕色的坐骑被圈养在这个村庄，村民为纪念这一史实，遂将村庄命名为赤马村，沿用至今。

（八）"宫保坊"和窦振彪墓

1. "宫保坊"

"宫保坊"又称"圣旨牌坊"，已列为湛江市文物保护单位，位于宋皇村委会上街村内，是清朝道光皇帝为纪念抗英名将窦振彪而下旨建造的。道光三十年（1850年）窦振彪卒于任内，清廷赠以太子太保衔，谥武襄，赐御祭，建"宫保坊"于硇洲上街以示旌表。据说，当时来往人员不论是宦官、百姓，经"宫保坊"牌坊的彩门时必须下马下轿，以示对窦振彪的敬仰。"宫保坊"乃四柱三间冲天式石牌坊，花岗石质，横额有"圣旨"两字，牌坊两侧刻上阴楷对联两副：①麟阁勋崇万里鲸鲵皆慑魄；羊碑思永八闽貔虎尽铭思。②褒荣华衮秩晋功衔百战勋名垂竹帛；宠锡树浆渥颁赙布九重雨露贯松楸。四柱前后各立石狮一。宫保牌坊由于在十年动乱年间被严重破坏，至今仅保留下刻字精美的石门柱、门槛和圣旨石牌。

2. 窦振彪墓

清咸丰元年（1851 年），抗英名将窦振彪归葬于故里硇洲岛，墓址位于硇洲岛那光村西北土坡上。墓地坐南向北，石块灰砂结构，面积约 2 亩。墓高 1.3 米，径宽 3 米；周围墓壁高 0.5—1 米，径宽 9 米。上首碑亭中的墓碑，高 1.5 米，宽 0.5 米。墓庭分列石人 8 个，石狮 4 个，石象、石马、石羊各 2 个，均已残断，石人缺首，石兽倒卧草丛之中。墓规格之高，在粤西罕见。民国初年墓表遭破坏。墓室也曾被盗，大跃进时期墓碑曾移砌北港大堤，现已复立于墓前。

（九）天后宫

天后宫，位于津前村内，建于明正德元年（1506 年）的津前天后宫，坐东向西，前临硇洲水道，迄今已近 500 年，供奉沿海居民广泛信仰、崇拜的天后（妈祖）。清咸丰六年（1856 年）、同治十六年（1890 年）曾修缮，总面积 1175 平方米，主建筑后有花园，面积 1270 平方米。目前保存尚好，五架樑，悬山顶，门前踏跺 5 级，左右抱石鼓、石狮。宫内仍存明万历三年（1575 年）"海不扬波""海国帡幪"匾和牌坊；清乾隆二十九年（1764 年）古钟；道光五年（1825 年）宝鼎；道光十七年（1837 年）大理石雕刻山水人物屏风；光绪五年（1879 年）、六年（1880 年）木匾和壁画等珍贵文物。宫前临海，古树婆娑，景色幽美。宫内有中国人民解放军 43 军渡海解放海南岛作战指挥部旧址。

（十）渡琼作战指挥部

在解放战争时期，天后宫曾是中国人民解放军第四野战军辖下 383 团于 1950 年渡琼作战指挥部旧址，为解放海南岛作出了不可磨灭的贡献。1949 年 12 月至 1950 年 3 月 10 日，四野 43 军 128 师 383 团及 92 步炮连进驻硇洲岛，设指挥部于津前天后宫内，作渡海解放海南岛的战前准备；岛上渔民主动协助官兵熟悉水性，传授掌舵、拉帆、驾船、泅水、抗浪等知识和技能。此外，驻岛官兵还组成了第一渡海先遣营，对解放海南岛战役起了关键作用。该加强营被授予渡海先锋营光荣称号，随船参战的硇洲岛 80 多名船工分别被评为渡海英雄或渡海功臣（其中革命烈士 6 人）。另有数以千计的船夫、渔民、群众参加了支援渡海的行动，为此津前天后宫被载入史册。为纪念这一段光荣历史，依托天后宫，先后建成渡海英雄塑像、陈列室、文化广场等。至今陈列室内珍藏有"革命烈士证明书""渡海功臣"奖状等一批实物和图片，是进行爱国主义教育与革命传统教育的不可多得的重要资源，为湛江"五岛一湾游"硇洲站第一景点，游客长年不断。

2003年渡琼作战指挥部旧址已列为湛江市第五批文物保护单位，所在的津前村也成功申报广东省历史文化名村。2012年8月，它被评定为第一批"湛江市党史教育基地"。

（十一）硇洲灯塔

硇洲灯塔于1899年由法国殖民者历时3年半建成，耸立在硇洲岛海拔83.3米的马鞍山巅，1945年收归中国政府。灯塔高23.2米，海图标高103米。座为方形，身呈圆锥形，全以麻石预制件叠砌而成，榫卯相接，十分牢固，外形美观。塔内石阶作螺旋形上升，石柱石壁联成一体，弧度适中。灯具用160多块三棱水晶镜组成，铜制圆槽为灯座，内盛水银2.5吨作润滑剂，由发条牵引旋转。灯泡通过三棱水晶镜片聚成光束，射程26海里（1海里=1.852千米）。它是中国面向南海海洋的重要航标灯塔，至今一直服务于人类，也是世界两大名水晶古灯塔之一。它四周环境幽美，绿树成荫，登塔远眺，南疆壮丽景色尽收眼底。硇洲灯塔是国家级文物保护单位，又被列为湛江八景之一——硇洲古韵，1995年被列为全国近代优秀建筑，1996年公布为全国重点文物保护单位。2012年8月，硇洲灯塔是全国首批公布的26个"航海科普教育基地"之一，湛江市科协也授予硇洲灯塔"湛江市航海科普教育基地"的称号。

（十二）三忠庙：调蒙宫（大王公宫）、调但庙、平天庙

1. 陆秀夫调蒙宫

调蒙宫始建于元朝的1360年，现位于硇洲岛黄屋村。几百年来，虽经多次修葺，但庙的门槛青石、主体结构还基本保留当年的模样。墙体上的珊瑚、青石块、黏土依然清晰可见。庙门口刻着一副醒目的对联——亘古忠贞昭宋史；于今泽德着硇洲。庙堂里面，也有一副歌颂陆秀夫赤胆忠心的对联——节气凌霜万古长思大宋；丹心贯日千秋未灭孤忠。

在20世纪40年代共产党领导下的革命斗争中，调蒙宫就曾是地下

东海岛、
硇洲岛
历史研究
DONGHAIDAO、
NAOZHOUDAO
LISHI YANJIU

党的一个税站，专门征收过往船只的税，用于当地革命组织的经费；20世纪50年代初，黄屋村还发动大批渔民、艄公援助解放军解放海南岛，当时出征的誓师大会，就在调蒙宫前的空地上开的。如今，庙的几面墙壁上都有宣传栏，分别有陆秀夫的生平事迹，以及地下斗争和解放海南岛的英雄事迹，充分彰显了相隔几百年、不同时代的中国人为国家的独立自由，义无反顾、慷慨赴死的英雄气概。

2. 张世杰调但庙

调但庙始建于清朝道光年间，1954年部队进驻那林村时拆掉了，现在的庙是1988年才重建的。宋朝覆亡后，太傅张世杰仍率残部奋勇抵抗。祥兴二年五月四日，当其乘船南下至阳江海面时，不幸遭遇台风，将船打沉，张世杰与数千将士死难殉国，其遗体被阳江渔民捞起葬于海陵岛力岸村海边。人们便为其建调但庙以表纪念。

3. 文天祥平天庙

位于西园村前山坡上的文天祥平天庙，始建于乾隆辛酉年（1741年）。20世纪50年代中期，平天庙遭拆除，神像被烧毁。现在的这座平天庙是2003年开建的。

平天庙正殿的正面墙上方悬挂着《有宋存焉》的红匾。据说，这几个字是忽必烈题写的。当年文天祥从被押往元大都（今北京），到被杀，一共被囚禁了3年2个月。这段时间内，元朝千方百计地对文天祥劝降、逼降、诱降，参与劝降的人物之多、威逼利诱的手段之毒、许诺的条件之优厚、等待的时间之长久，都超过了其他的宋臣。甚至连忽必烈亲自劝降也未能说服他。因此文天祥经受的考验之严峻，其意志之坚定，是罕见的。所以，他就义后，元朝为他建庙，忽必烈题写"有宋存焉"的牌匾，挂于庙中。

七、硇洲岛主要民俗、民居研究

（一）民俗

1. 天后庙会

（1）项目简介

津前天后庙会，即津前"妈祖诞"庙会，是纪念妈祖林默娘诞辰在津前天后宫进行的祭祀活动。庙会活动围绕妈祖信仰表现孝悌、祖先崇拜、图腾崇拜等为主题。主要内容有村民朝圣贺诞，新年第一香，元宵出游，岁首祈福，三月庙会，重阳祭祀，岁终还福和初一、十五进香，社戏等。津前"妈祖诞"庙会传承和弘扬了"妈祖圣德"精神，是"妈祖文化"的集中表现、以妈祖信仰为核心，形成了宫庙建筑群、雕塑、雕刻、石碑、渡琼作战文献、摄影、广场等有形文化和神话、传说、故事、祭典、民俗、艺术、歌舞、等无形文化为基本内容的民间文化；也反映了海岛渔民捕捞和生活习俗及宗教信仰，是研究"海上丝绸"之路的始发港之一——硇洲津前古港与妈祖文化传承的一个重要物证。

津前天后庙会于 2007 年被湛江市人民政府批准列入第一批市级非物质文化遗产名录。

（2）分布区域

东海津前后庙会流行于湛江市硇洲岛。

（3）历史渊源

沿海地区都有海神崇拜。妈祖，又称天妃、天后娘，是历代船工、海员、旅客、商人和渔民共同信奉的神祇。

据传，妈祖真名林默娘，宋代建隆元年（960 年）三月二十三日生于福建莆田，是福建贤良港都巡检林愿的第六个女儿。林默娘心地善良，且水性极好，能准确预知天气，懂医药，常救助海上遇难的船只和商客、渔民，深受乡亲们爱戴。林默娘在宋雍熙四年（987 年）九月初九海上救人时英勇献身，乡亲们建祠纪念，尊她为海神。我国沿海各地均建有妈祖庙或天后宫。千百年来，妈祖一直被奉为见义勇为、无私奉献的海上救护神。妈祖文化代表着沿海人们一种祈望和信仰，是海洋文化一种体现。

硇洲先民多来自福建莆田，硇洲津前天后宫是硇洲岛吴姓先祖从福建莆田迁至本地后修建，庙中天后宝像银阁楹联所说的"像是莆田尼山吴祖，庙局津前正德元年"记载着津前天后宫的历史渊源。据《湛江古今大事》记载：1506 年，明正德元年，硇洲岛渔民集资兴建天后宫。清咸丰六年（1856 年）重修。

津前天后宫位于津前村内，建于明正德元年（1506 年），迄今已

501 年，目前保存尚好，五架樑，悬山顶，门前踏跺五级，左右抱石鼓。石狮宫内仍存明万历三年（1575 年）"海不扬波"匾和牌坊、清乾隆二十九年（1764 年）铁钟、道光五年（1825 年）宝鼎、道光十七年（1837 年）大理石雕刻山水人物屏风、光绪五年（1879 年）和光绪六年（1880 年）木匾及壁画等珍贵文物。宫前临海，古树婆娑，景色幽美。宫内有中国人民解放军 43 军渡海解放海南岛作战指挥部旧址、渡琼作战津前陈列室、妈祖文化长廊、二十四孝图文展……以天后宫为主题，包括观音堂和雷神庙在内的一组明清建筑，呈品字形平面布局，面向海湾，尽摄"犀牛望月"之胜，均属砖木结构建筑。几百年来，有无数台、港、澳同胞远道赴津前天后宫进香许愿，还专程运来石狮、铜香炉等礼献妈祖。

（4）基本内容

妈祖信仰在津前天后宫、硇洲岛各分灵宫的主要表现内容有：新年第一香，元宵出游，岁首祈福，三月坡庙会，重阳祭祀，岁终还福，社戏和初一、十五进香等。

①新年第一香：

每年除夕晚，沐受妈祖恩泽的善男信女成千上万，人如潮涌，纷纷来到津前天后宫（分灵宫也一样），于大年初一子时插上新年第一炷香。

②元宵出游：

"出游"在我国许多地区民俗中是个普遍的现象，意在让菩萨和神灵偶像走出庙堂，透透气儿，感受一下春天山野田间的清新气息，也巡视一下全境的平安。在硇洲岛，它还多了一层意思。那就是在一年之始，让子民目睹神的容颜，以接受一种心目中的崇敬之神所赐予的精神抚慰。

"出游"的仪仗队都由穿着古装的美貌少女组成，她们簇拥着桥上的妈祖神像，长管号、大铜锣、大龙旗在前面开道，彩旗、彩亭、凉伞、壮士执士、十音八乐等组成的队伍浩浩荡荡地紧随其后，沿着圩镇巡游一周。巡游一节一节地点燃着人们的情绪，沿途百姓都倾宅而出，焚香迎接。火铳、鞭炮和鼓乐齐鸣，震天动地，热闹非凡……

妈祖在各村巡游时，较之庙会更加深入，游至任何地方，都可让人向球炉插香，让人随意给妈祖"利是"。队伍在村里巡游一圈时，中途还要在适当的地方停下，用桃枝做钉子，插在妈祖符打在地上，并在此"旋符"（绕圈）3 次，意在妈祖到此巡视，可保全村平安和家家户户合家团圆。

③岁首祈福：

正月二十九日，由 2 名道士主持，12 名福首（村中德高望重、诚心膜拜妈祖的子民，经卜杯 3 次得妈祖"应允"而产生的管理妈祖事务的指挥，每人主要负责 1 个月，逢大活动共同协助天后宫理事会）代表全村 1300 多户联名起"疏"（向妈祖报告户主姓名的榜），供上猪肉、金银数百斤，烧香、合掌、屈膝、叩首、膜拜等等，认认真真，心无旁骛，脸上洋溢着庄重和自足的神情，向妈祖祈祷一年的幸福安康。

④三月坡庙会：

三月二十三的"三月坡"是岛上特有的一个节日，带有浓重的喜庆色彩。这一天，岛上渔人禁捕，远嫁他乡的妇女和到海上捕鱼的渔船都成群结队赶回家乡，各家张灯结彩，庆祝始祖诞辰，好不热闹。

庙会的表现形式大体如下：三月二十下午接驾，银阁妈祖从福主家回到津前天后宫，开始封斋；三月二十一至二十二做早忏、午忏、晚忏；三月二十三半夜 2 点半作朝礼忏、早忏、开斋。卜贝送出 12 位福主，送银阁始祖到福主家供奉。

三月二十三，坐落在海边的津前天后宫（分灵宫同样），里里外外格外热闹，许多人都在忙碌，村中德高望重的老年人都集中在宫里，一切都在繁杂而又有序地进行着。首先是震耳欲聋的鞭炮，然后是鼓乐之声骤起，村民长幼有序地烧香祭拜，再后有 8 个女子抬着妈祖神像，在宫内外游转。

大海正在涨潮，宫里海边停泊着数以百计的渔船，宫庙前飘扬的旗帜与渔船上飘扬的旗帜，在春天的海风里相互响应，动人心魄。

⑤重阳祭祀：

程序：迎神、盥洗、上香、读祭文、行"三献"之礼、奏"三平之乐"、表演"三献之舞"等，场面庄严肃穆、古朴、典雅，且隆重。历史上朝廷把祭黄、祭孔与祭妈祖并列为中国三大祭典。津前天后宫于

2006年重阳节，隆重举办妈祖大祭典活动，为国内第三次（继湄洲妈祖祖庙、天津妈祖庙大祭典之后）、广东第一次如此大型的祭妈祖活动。

⑥岁终还福：

形式同"岁首祈福"，意为答谢妈祖一年来的大恩大德。

⑦社戏：

正月十五闹元宵、三月二十三妈祖生日、九月初九妈祖祭祀，都伴有地方戏的上演。津前天后宫前设有宽敞的大戏台，各村也有。戏班子有雷州市专业雷剧团，徐闻、遂溪雷剧团，也有深圳、顺德专业粤剧团等。剧目有歌颂古代帝王将相、才子佳人的，也有不少是直接或间接涉及妈祖的。

有戏上演的硇洲岛的夜晚是令人赏心悦目的，增添了不少节日的气氛。那丝竹锣钹之乐、铿锵委婉之声，在海面夜空中忽起忽落、忽大忽小地飘荡，能让人琢磨出种种香火之外的东西。加之几声鞭炮在远处炸响，身前衣后有几声孩子们追逐嬉戏时的喊叫传来，那感觉真的是一伸手就能抓扯和捏握一把人间的勃勃生机。而这一切，是妈祖赐予的，她在民俗和风俗里和百姓们一起编织日子，她是经，百姓是纬，千年不辍。

⑧初一、十五进香：

每逢初一、十五，信众不约而同到妈祖庙进香、上茶、奉贡品，祈求平安顺利。

（5）重要价值

津前妈祖文化是一份珍贵的非物质文化遗产，对促进精神文明建设有着重要的人文价值。

首先，妈祖文化凝聚着广大人民群众对妈祖的信仰和崇拜，体现在独特的祭祀仪式中，显示了妈祖精神产生的社会亲和力和凝聚力，是民族团结、国家和平统一的精神纽带。

其次，津前妈祖的形象已经成为群众心目中善良、智慧、正气的慈悲化身。建庙500年来，世代传颂的妈祖故事，反映了人们对扶危济困、舍身助人等高尚品德的颂扬和追求，同时也激励人们积极向善，助人为乐。自古以来，津前群众以海为生、以渔为业，常在风灾海难中求生存，妈祖奋不顾身的形象和舍身拯救海难中的人们、除害造福的精神，对渔民起到了激励的作用。

再次，津前妈祖文化还有独特的内涵和外延。津前天后宫是中国人民解放军解放海南岛渡海先锋营指挥部旧址。1950 年 3 月 10 日，解放军从由 1070 名指战员组成的先锋营从天后宫起航，分乘 21 艘木船，第二天成功登陆海南岛。津前天后宫从此载入史册，成为纪念解放海南岛、纪念先烈、彰显英雄与功臣的革命传统教育基地，妈祖精神和渡琼作战的英雄气概相融合，打造了妈祖区文化的特色品牌，对弘扬美德，开展公民道德建设，建设和谐家园同样具有重要的人文价值。

最后，津前天后宫引领硇洲岛上妈祖分灵宫及粤西等地妈祖庙，促进粤西地区妈祖文化的发展，具有展现中华民族创造力的典型性、代表性。

津前天后宫催生独具海岛文化特色的津前八音，由此孕育成为别具一格的硇洲女子八音，是湛江文化的艺术奇葩。

津前天后宫是广东著名景点、全国 175 座名庙古寺之一，具有鲜明特色，在当地有较大影响，是宝贵的旅游资源，对带动当地旅游业发展、推动社会经济起积极作用。

500 年来，妈祖文化在硇洲岛这片土地上传承和弘扬，对硇洲岛文化的发展具有很大的推动作用。人们把妈祖当作慈悲、救世、忘己利他、和善的象征和睿智、柔肠的美的化身，把渡海作战的战士们当做大无畏英雄，这是正义、勇敢、无私、仁爱、爱国的文性教育。

2. 津前八音

据传津前八音民间吹打艺术团体初建于明万历年间，至今 400 多年，代代相传，后继人有男有女，而且往往以女性为主。津前八音的主要特点是节奏明快，各种乐器配合得当，能奏出故事情节、人物性格和演奏者的感情。其技艺靠民间八音团体师父的个人口头传授，再经练习者不断修习而完成，是民间的优秀文化遗产。

曲目采用了远古"三载、四海遏密"。八音乐器和上下板，小、中鼓，苏锣，小、中、大钹，唢呐等，八音而行八风。节日或喜庆则奏，闲时则于天后宫夜奏以娱人娱己。代表曲目有《六国大封相》《韩信

191

东海岛、
硇洲岛
历史研究

DONGHAIDAO、
NAOZHOUDAO
LISHI YANJIU

点兵》《困乌江》《五更寒》《风入松》《三波洋》等，题材广泛，内容丰富，多取材于春秋战国、东周列国。八音奏起，人们自愿来听，自得其乐。

津前八音艺术多由津前文化室组织演奏，20世纪60年代初，该文化室被评为省先进文化室。1986年3月16日，我国著名音乐大师贺渌汀专程到津前村考察八音演奏的历史和技法后，挥毫题词："八音锣鼓代代敲。"他还鼓励并指导津前八音艺术团继续把该传统民间音乐传承下去，发扬光大。

津前八音获得的荣誉有：2003年参加东海区成立十周年文艺汇演获铜奖；2004年参加湛江市首届民间歌会获铜奖；2005年荣获湛江市红土文化艺术节金奖。

3. 春节习俗

（1）春节的来源

春节又称为"过年"，最早的含义是人们用来庆祝一年的收获并祝福来年有个好收成。作为我国传统最重要的节日，迄今已有1900多年的历史。

古代春节叫作元旦，元，始也；旦，晨也，即一年之始，也叫三元——岁之元、月之元、日之元。最早定春节为新年是在汉武帝太初元年，即公元104年。辛亥革命后，改用阳历，即公元计年，把农历的正月初一定为春节，而阳历的1月1日定为元旦，以示区别。该规定于1914年颁布实行，至今已有超过百年的历史。

硇洲人过春节，不仅有中华民族的传统内容和形式，也有自己独特的地方色彩。一般从农历十二月二十三至次年的正月十六，硇洲人统称为春节期间或过年。

（2）年前三件事：大扫尘、做饼、购年货

农历十二月二十四，家家户户搞清洁卫生，大扫尘。《吕氏春秋》有载："腊月二十四，掸尘扫房子。"这是过春节的准备。"尘"和"陈"是谐音，扫尘有"除陈布新"含义。扫尘时人们习惯备新扫把，打扫墙壁、屋顶的灰尘和蜘蛛网，通过扫尘，把疾病、晦气、祸害一齐扫出门外。全屋干干净净，以全新面貌迎接新年。

农历十二月二十五至除夕前，各家各户忙着做饼。饼分为两种：年糕和油角。其中年糕要事先浸米舀粉，然后才放在特制的工具上，煮上五六个小时才能大功告成。在这期间，还不允许别人乱说脏话，怕搞坏了意头。

做油角则相对愉悦，准备好面皮和馅料，邀请三五好友，一边做饼，一边谈笑风生。不一会儿，热腾腾的油角端上来，大家一起品尝，其乐融融。除自家吃外，大部分油角都会赠送给亲朋好友，有时还会供不应求。

另外，红卫社区的居民会还会自制粽子，俗称"红卫粽"，味道令人赞不绝口。临近除夕，购买年货也是每家每户的重要事情。年货主要包括对联、爆竹、年画、糖果、水果等。小孩一般会添购一两件新衣服，新年新面貌。

（3）除夕三件事：贴春联、团年饭、放鞭炮

除夕是一年最好的一天。这一天，每家每户都在忙着。最重要的事情莫过于贴春联。春联又叫对联，古称"桃符""门贴"，已有2000多年的历史。宋代文豪王安石名句"千户万户曈曈日，总把新桃符换旧符"，说的是新年贴春联风俗。现在的对联一般是印刷体。偶尔善书者也会自己题写心仪的对联。

除对联之外，门神也是必不可少的。门神贴在大门上，一般都是贴历史上的一些显赫的人物，如唐代的魏征、尉迟恭；三国的关公、张飞。

另外，许多人家也会倒贴"福"字，倒贴在墙壁、门楣、房门，表示"福气已到"。

除夕的团年饭，可以说是一年中最重要的饭，所以家中的妇女极尽烹饪之能事，准备好一桌丰盛的佳肴。一家子齐聚餐桌、共叙天伦、畅谈未来。不过，吃团年饭前要先拜神或祭祖，这是亘古不变的风俗。

除夕的最后一件重要的事就是放鞭炮。在临近晚上12点时，每家每户都要放鞭炮，寓意辞旧迎新，新的一年就在不绝于耳的鞭炮声中开启。

东海岛、
硇洲岛
历史研究

DONGHAIDAO、
NAOZHOUDAO
LISHI YANJIU

(4) 正月三件事：拜年、回娘家、游神

正月初一是新年，处处洋溢新年的喜气及欢乐。大人走亲访友、互相拜年；小孩则会穿上新买的衣服，说一声"恭喜发财"或道一句"新年好"，就会得到长辈们给的压岁钱，然后三五成群、嬉戏娱乐。

年初二到年初三，人们主要是回娘家。许多人带上礼物，开着车，去拜访岳父岳母。按照传统的习俗，如果是新婚夫妇，新郎则必须挑着礼物前去，礼物主要包括猪脚、猪肉、鸡、糖果、红包等。

不久，一年一度的游神又拉开了序幕。人们将神庙里的神像抬出来游街，与民同乐。巡游时，以往主要靠壮年男子轮流抬轿，现在有些会以特制的轮转轿子取而代之。除此之外，还有八音锣鼓队、彩旗队等一同前行。所到之处，人头攒动，好不热闹。按照传统的习俗，每个神轿一到，人们都要上前上香，诚心叩拜，鸣放鞭炮，并且要给一定的"心意钱"，金额不定，以求到神明的保佑，风调雨顺，事业兴旺。除了白天游神之外，晚上也会举行，一般选择在农历十三到十五的晚上，以津前村为主。

（二）民居

1. 珊瑚民居

津前村内现仍保留用珊瑚壳砌成的民居，圆底尖顶，外形酷似原始社会人类住房。珊瑚民居极具海边古代居民住房的特色，全用珊瑚石砌成，材料来源方便，且十分坚固，居形圆底尖顶可防飓风乃至龙卷风的袭击。现在仍有渔民居住在这些珊瑚屋里。

2. 清末民居

津前村现在仍有清末、民国期间聚族而居的砖木结构大屋多座，屋内有主屋、副屋和神厅、照墙等，绘有人物山水或鸟兽花卉壁画（多已残损）。这类民居，反映了当时的社会阶层习俗和建筑风格。

参考文献及资料

参考文献

[1] 刘耕荒，曾庆瑛. 南宋末三帝 [M]. 长春：吉林文史出版社，1997.

[2] 脱脱等. 宋史 [M]. 北京：中华书局出版社，1077.

[3] 阮元. 广东通志·前事略 [M]. 广州：广东人民出版社，1981.

[4] 韩振华. 宋端宗与七洲洋 [J]. 南洋问题，1981 年第 3 期.

资料

[1] 毛昌善纂，甘泉重修：《吴川县志》，光绪十二年。

[2] 郑俊修，宗绍启纂：《康熙 海康县志》，康熙二十六年。

[3] 觉民中学校志编纂委员会：《觉民中学志》，2014 年。

[4] 梁成久纂修，陈景芬续修：《民国海康县续志》，2005 年。

[5] 黄安涛总修，潘眉总纂：《高州府志》，道光五年。

[6] 陈辉荣：《赤马村吴氏族谱》，2011 年。

[7] 张伟仁：《明清档案》（乾隆年间），1986 年。

[8] 招志贤：《南澳总兵招成万及其后裔事略》，2002 年。

[9] 政协湛江市郊区委员会文史资料编辑组：《湛江郊区文史》，1990 年。

[10] 湛江市东海岛试验区硇洲镇档案室编：《湛江市东海岛试验区硇洲镇组织沿革》，2003 年。

[11] 麻章区地方志办：《麻章区志》，2015 年。

[12] 窦彦礼：《窦氏宣言》，2007 年。

[13] 窦彦礼等：《中国永久的丰碑》，2007 年。

[14] 广泰总纂修：《雷阳黄氏谱》，2003 年。

[15] 重修族谱委员会：《雷阳鹿洲李氏族谱》，1998 年。

[16] 李高魁：《吴川县志》，道光五年。

[17] 杨霁：《高州府志》，光绪十六年。

东海岛、
硇洲岛
历史研究

DONGHAIDAO、
NAOZHOUDAO
LISHI YANJIU